北京書法藝術年鑒

趙樸初題

北京书法艺术年鉴编辑委员会编

知识出版社

图书在版编目(C I P)数据

北京书法艺术年鉴 /《北京书法艺术年鉴》编委会编 .
北京:知识出版社,**2001. 4**
ISBN 7 - 5015 - 2918 - 3

I. 北 . . . **II.** 北 . . . **III.** 汉字 - 书法 - 北京市 - 年鉴
IV. J292. 1 - 54

中国版本图书馆 **CIP** 数据核字(**2001**)第 **21274** 号

责任编辑:刘倍一
扉页题字:赵朴初
版式设计:董　庆

北京书法艺术年鉴(2000)

北京书法艺术年鉴编辑委员会
谷　溪　主编
知识出版社出版发行
(北京阜成门北大街 17 号)　邮政编码:100037
北京新华彩印厂印刷
开本:889 × 1194 毫米　1/16
10. 5 印张　110 千字
2001 年 5 月第一版第一次印刷
印数:1 - 2000
ISBN 7 - 5015 - 2918 - 3/J · 234

定价:98. 00 元

目　录

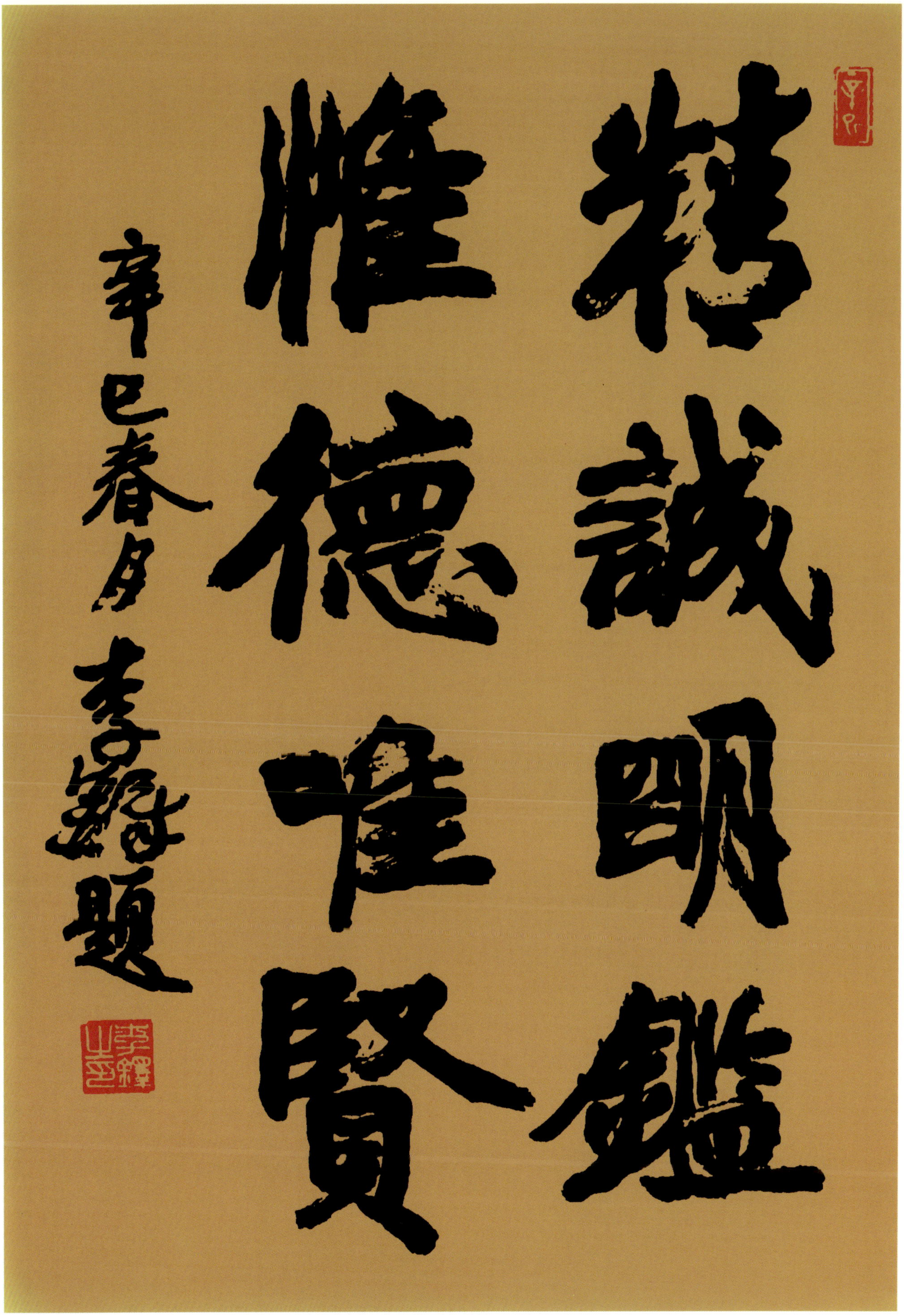

中国书法家协会顾问李铎题词

2000年10月29日"迎接新世纪北京书法艺术大展"在北京市劳动人民文化宫开幕。

2000年8月13日上午"北京市纪念抗日战争胜利55周年美术书法作品展"在中央美院陈列馆开幕,中国书协和市书协领导与部分获奖作者合影。

2000年2月1日北京书协会员为平安大街书写春联。

2000年5月27日至6月4日北京书协与北京市教委艺术教育委员会联合举办的“北京市第一届少年儿童临帖展览”在市劳动人民文化宫二殿开幕。

2000年8月22日北京书协妇女部举办“妇女书法创作研讨会”，薛夫彬副主席在评析作品。

2000年8月30日“第18回中日友好书法展”在日本千叶市举办，谷溪副主席为日本参观者介绍北京书协状况。

2000 年 9 月 15 日北京书协理论研讨会召开。

应美国“中国文化日”组委会的邀请，北京书协一行七人于9月25日至10月9日赴美进行友好访问和文化交流，图为代表团全体成员与驻美大使李肇星在使馆合影。

2000年10月10日海淀区书法家协会成立二十周年在北京市劳动人民文化宫举办书法篆刻展览。

2000 年 10 月 “精品进万家”活动在北京古玩城举办，张有清副主席挥毫作书。

2000 年 11 月 28 日中国书法家协会副主席刘炳森在北京书协做“弘扬主旋律，倡导传统书风”的理论报告。

2000 年 12 月北京书协参加“中国书法家协会第四次全国代表大会”的代表合影留念。

春秋　晋　侯马盟书

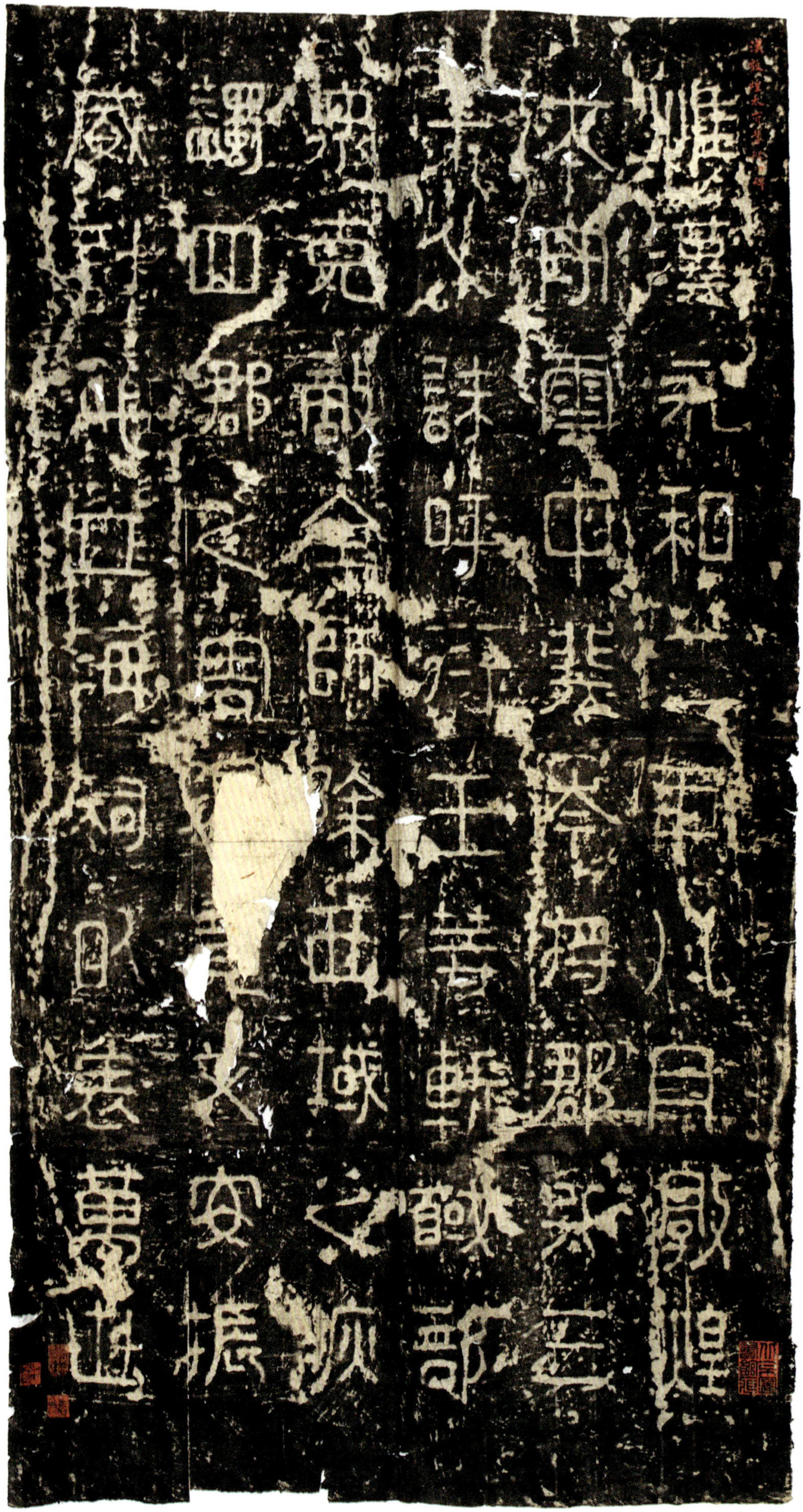

东汉　裴岑纪功碑

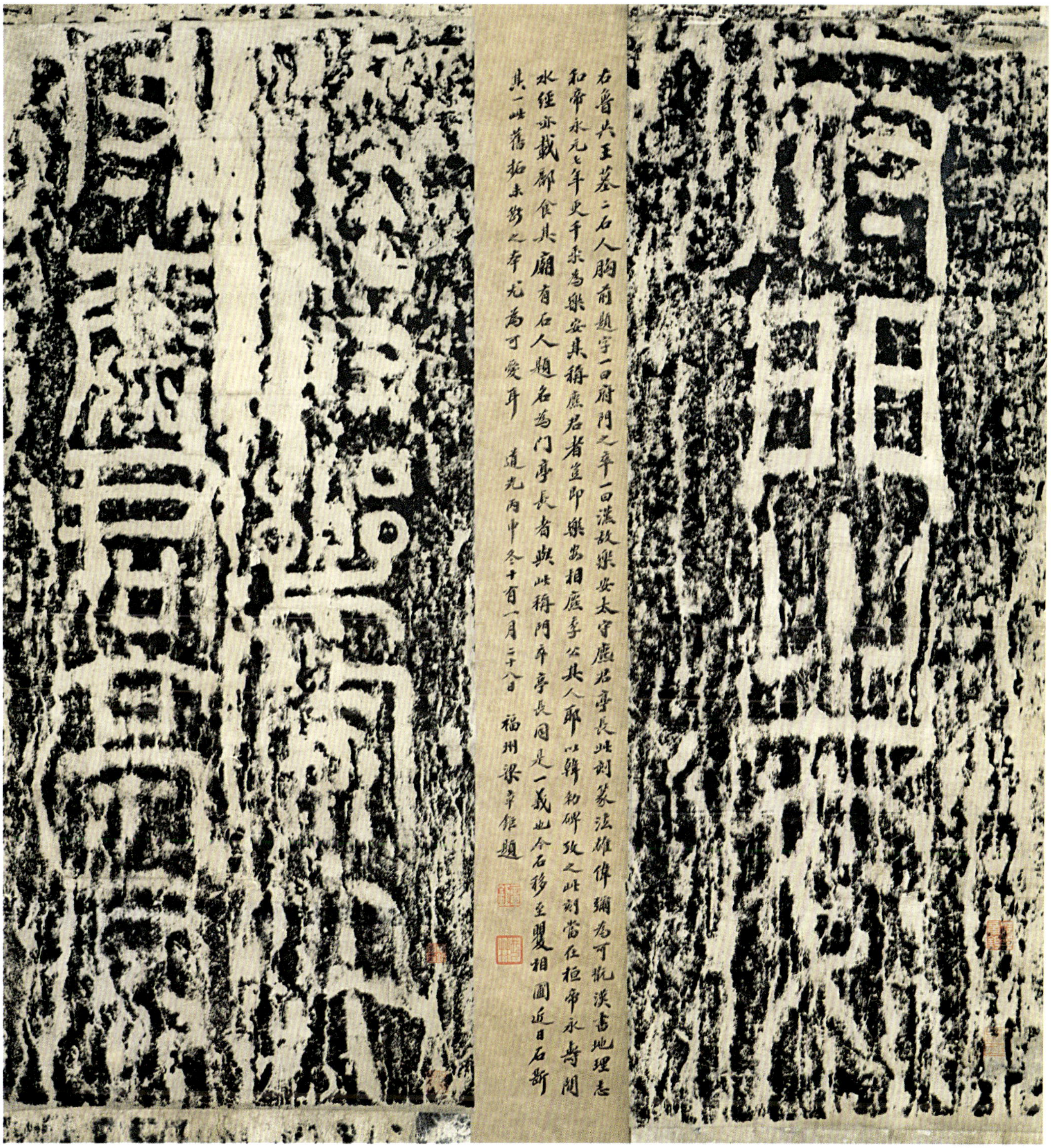
右魯共王墓二石人胸前題字一曰府門之卒一曰漢故樂安太守麃君亭長此刻篆法雄偉獨為可觀漢書地理志
和帝永元七年更千乘為樂安其稱麃君者豈即樂安相麃季公其人耶以韓勑碑攷之此刻當在桓帝永壽間
水經亦載鄒食其廟有石人題名為门亭長者與此稱門卒亭長同是一義也今石移至矍相圃近日石斷
其一此舊拓未斷之本尤為可愛耳
道光丙申冬十有一月二十八日 福州梁章鉅題

东汉 鲁共王石人题字

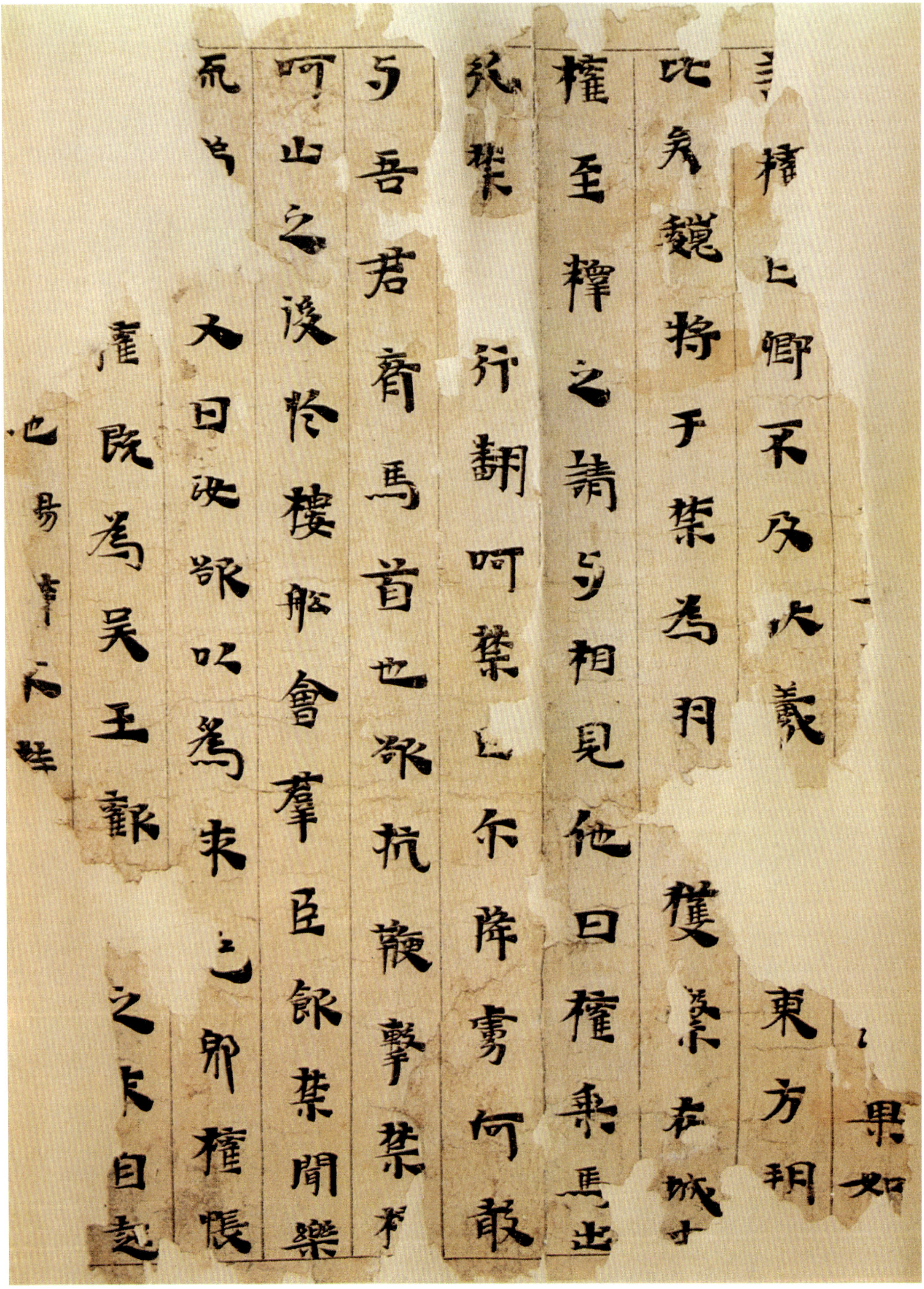
果如
權上卿不及大義　東方朔
比矣魏將于禁為羽　獲禁在城中
權至釋之請與相見他日權乘馬出
引禁　行翻呵禁曰爾降虜何敢
與吾君齊馬首乎欲抗鞭擊禁權
呵止之後於樓船會羣臣飲禁聞樂
流涕　又曰汝欲以為求免邪權悵
權既為吳王歡　之末自起

西晋　三国志吴志残卷

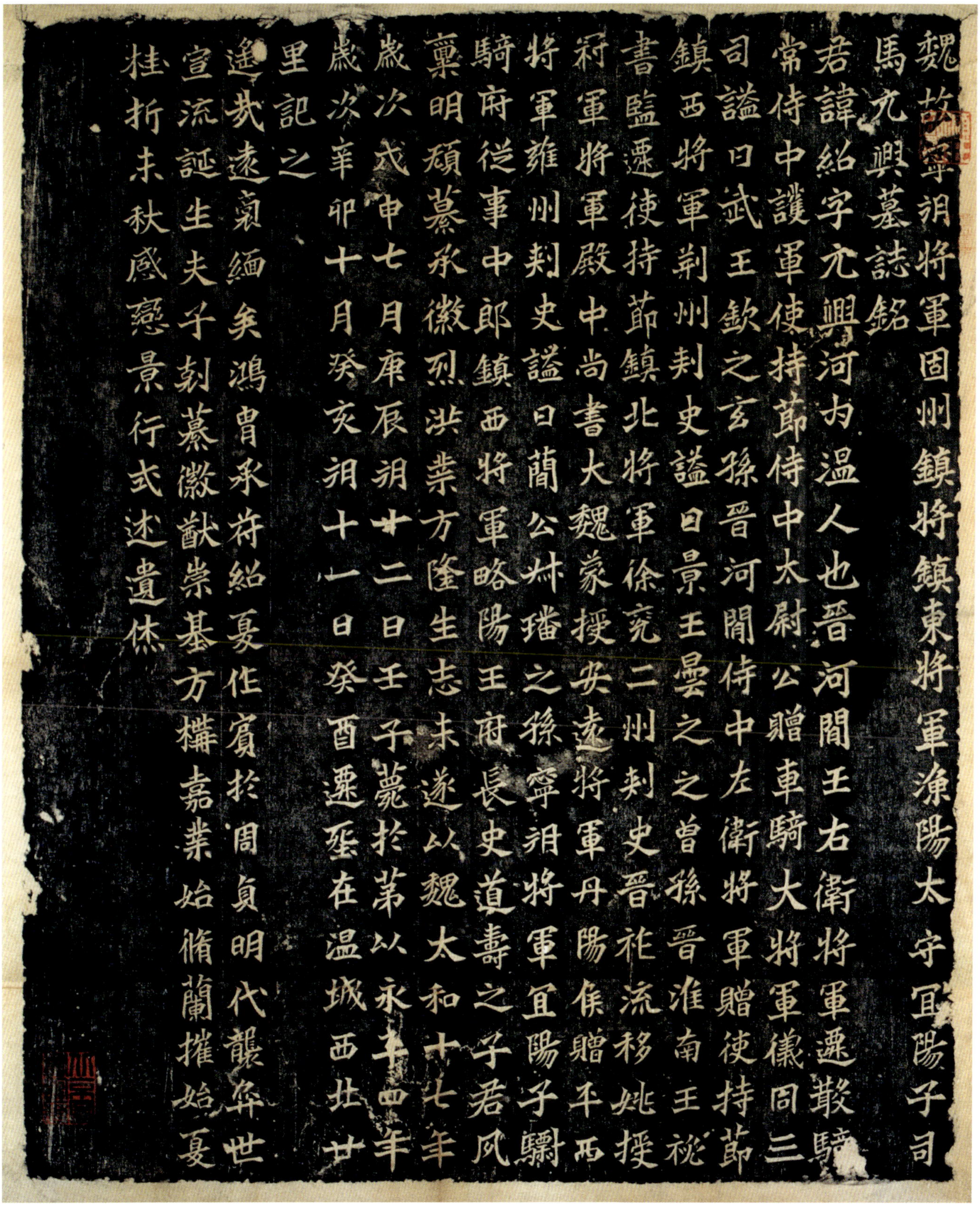

魏故寧朔將軍固州鎮將鎮東將軍漁陽太守宜陽子司
馬元興墓誌銘
君諱紹字元興河內溫人也晉河間王右衛將軍遷散騎
常侍中護軍使持節侍中太尉公贈車騎大將軍儀同三
司謚曰武王欽之玄孫晉河間侍中左衛將軍贈使持節
鎮西將軍荊州刺史謚曰景王曇之之曾孫晉淮南王祕
書監遷使持節鎮北將軍徐兗二州刺史晉祚流移姚授
將軍將軍殿中尚書大魏蒙授安遠將軍丹陽侯贈平西
將軍雍州刺史謚曰簡公林璠之孫寧朔將軍宜陽子驃
騎府從事中郎鎮西將軍略陽王府長史道壽之子君凤
稟明頴慕承徽烈洪業方隆生志未遂以魏太和十七年
歲次戊申七月庚辰朔廿二日壬子薨於第以永平四年
歲次辛卯十月癸亥朔十一日癸酉遷葬在溫城西北廿
里記之
遂㦤遠哀緬矣鴻胄承符紹夏作賓於周負明代龍弈世
宣流誕生夫子刻慕徽猷崇基方構嘉業始循蘭摧始夏
桂折未秋感戀景行式述遺烋

北魏　司马元兴墓志

北周　时珍墓志

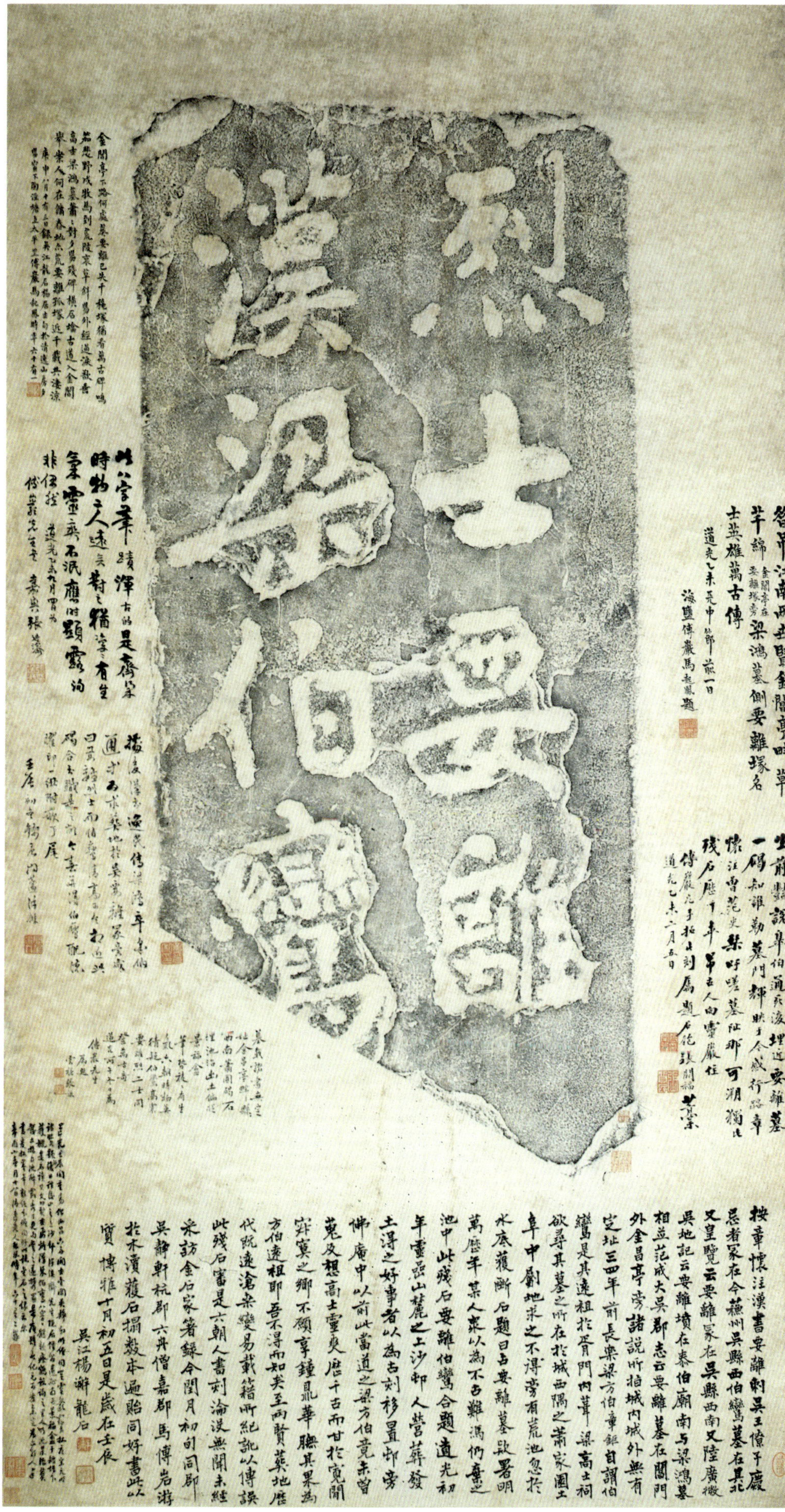

南北朝　要离梁伯鸾题名

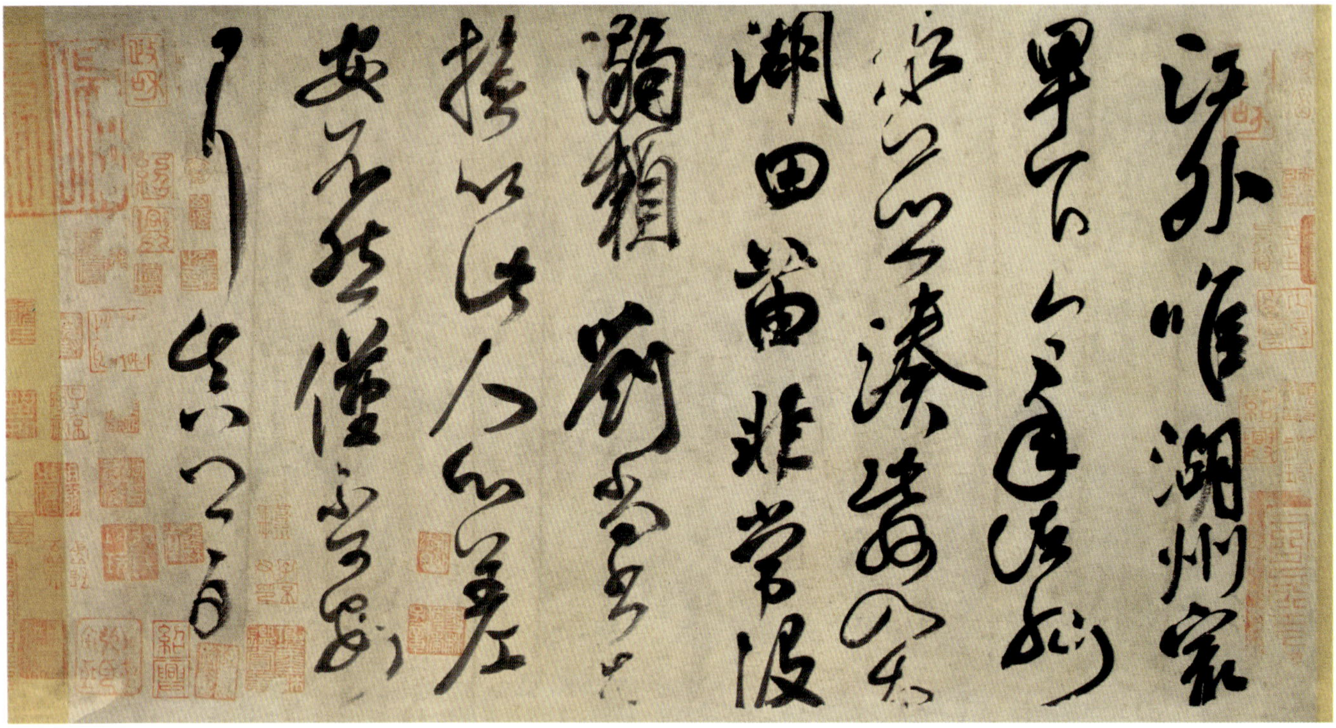

唐　颜真卿　江外帖

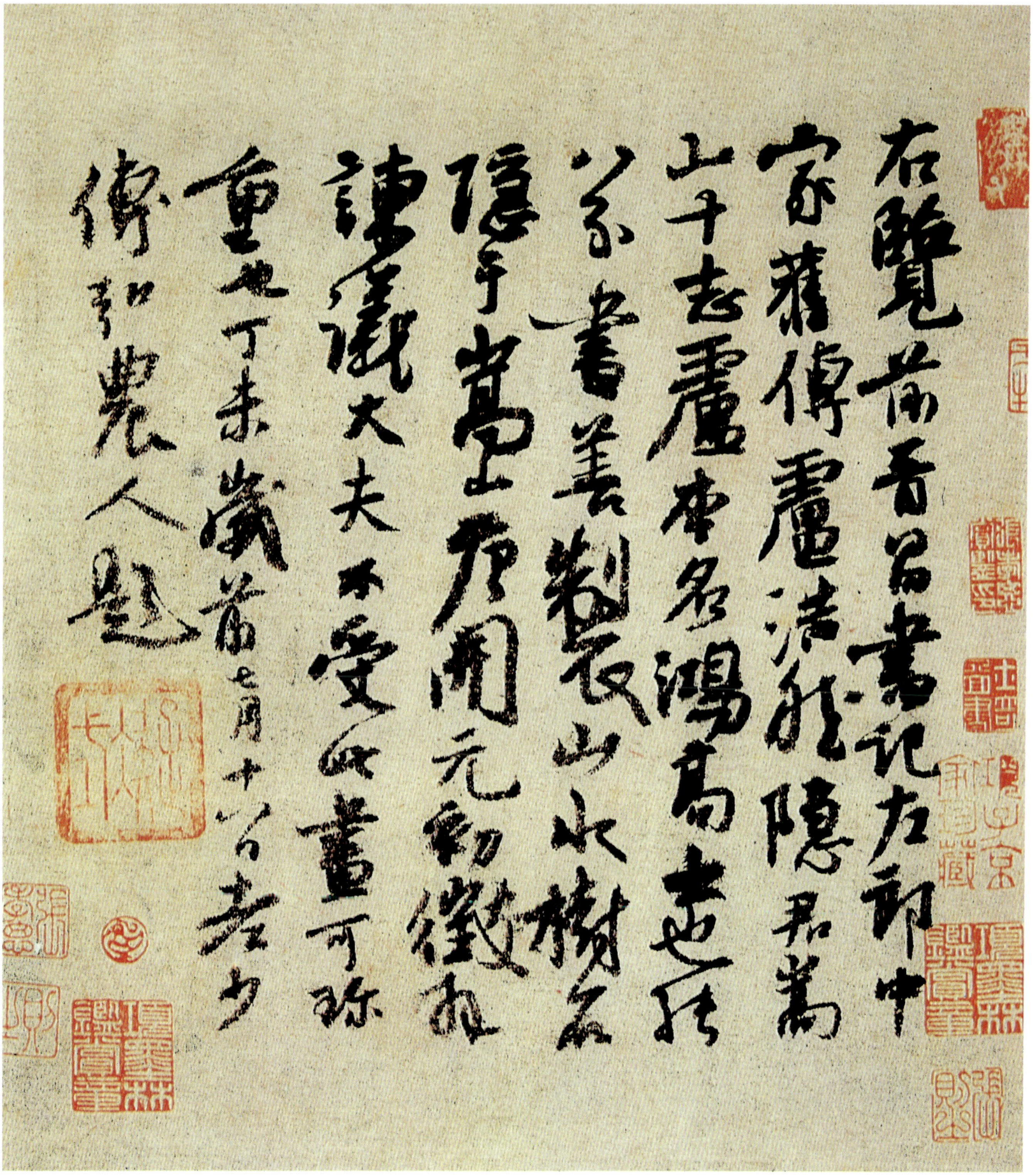

五代　杨凝式　卢鸿草堂题跋

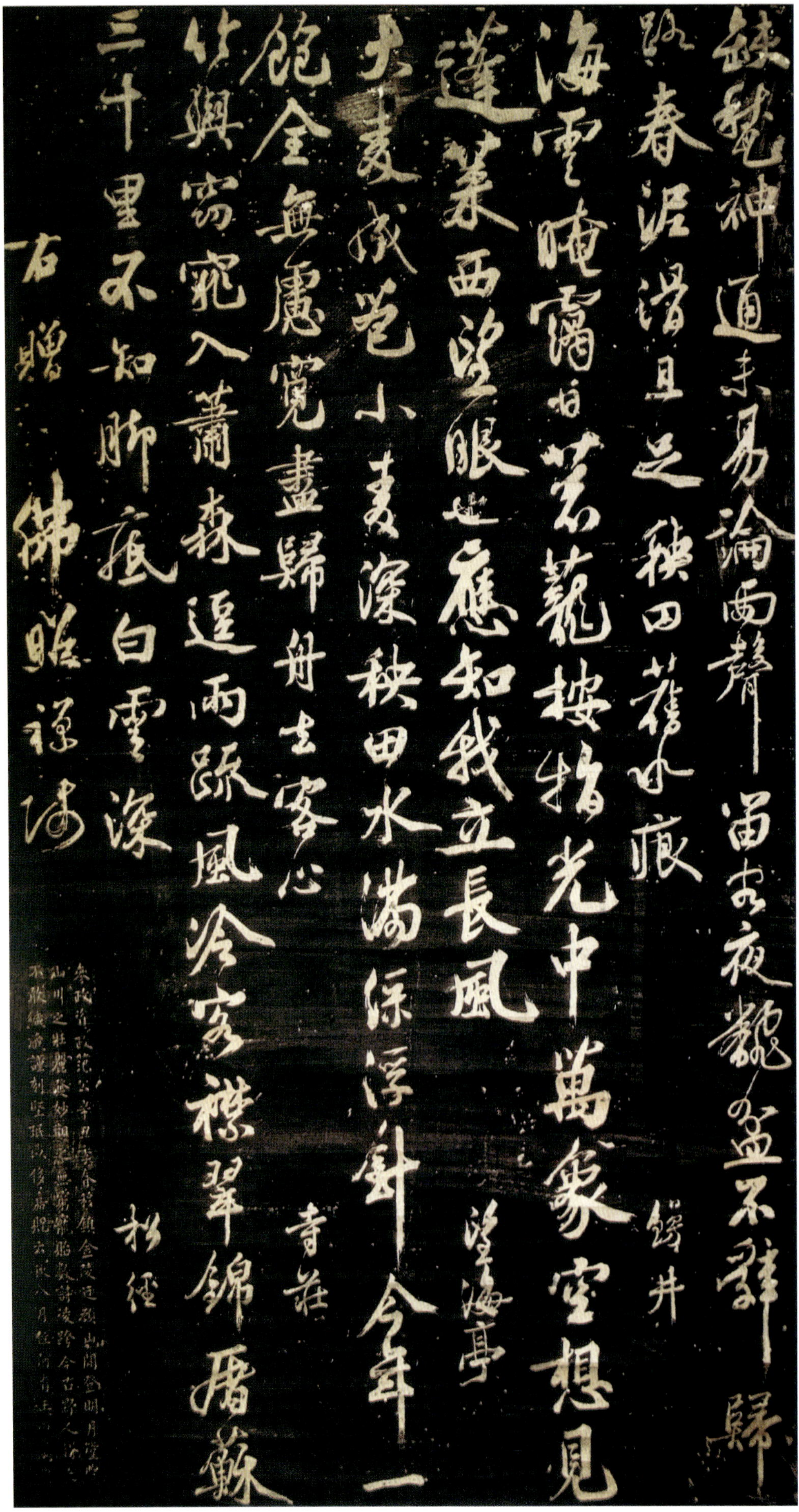

宋　范成大　诗碑

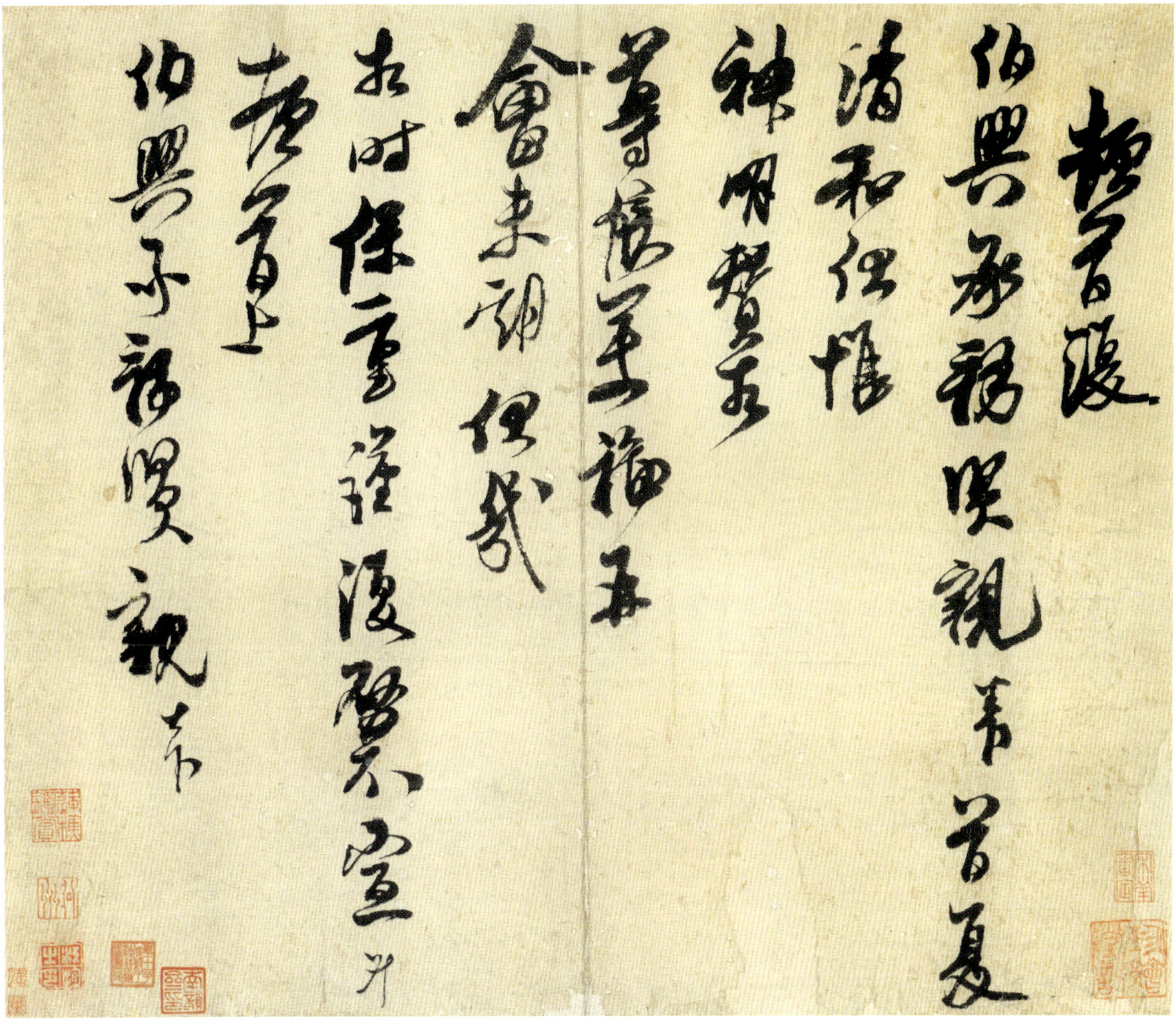

宋　王升　尺牍

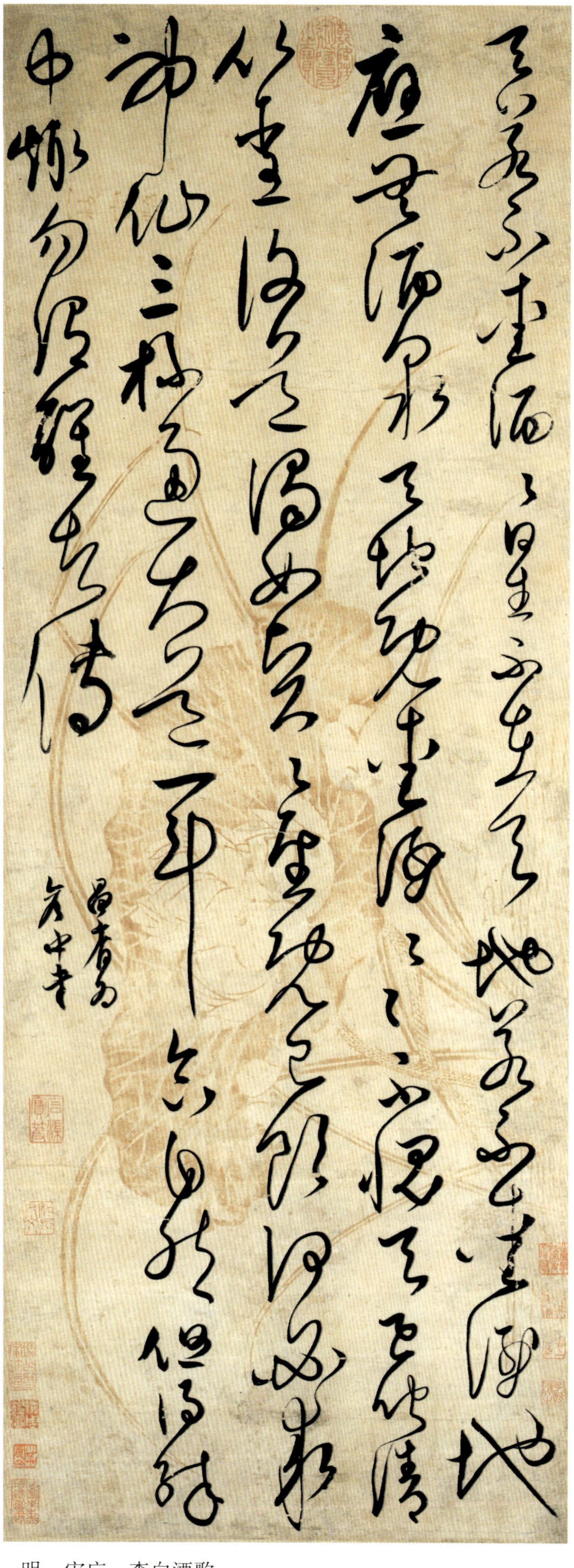

明　宋广　李白酒歌

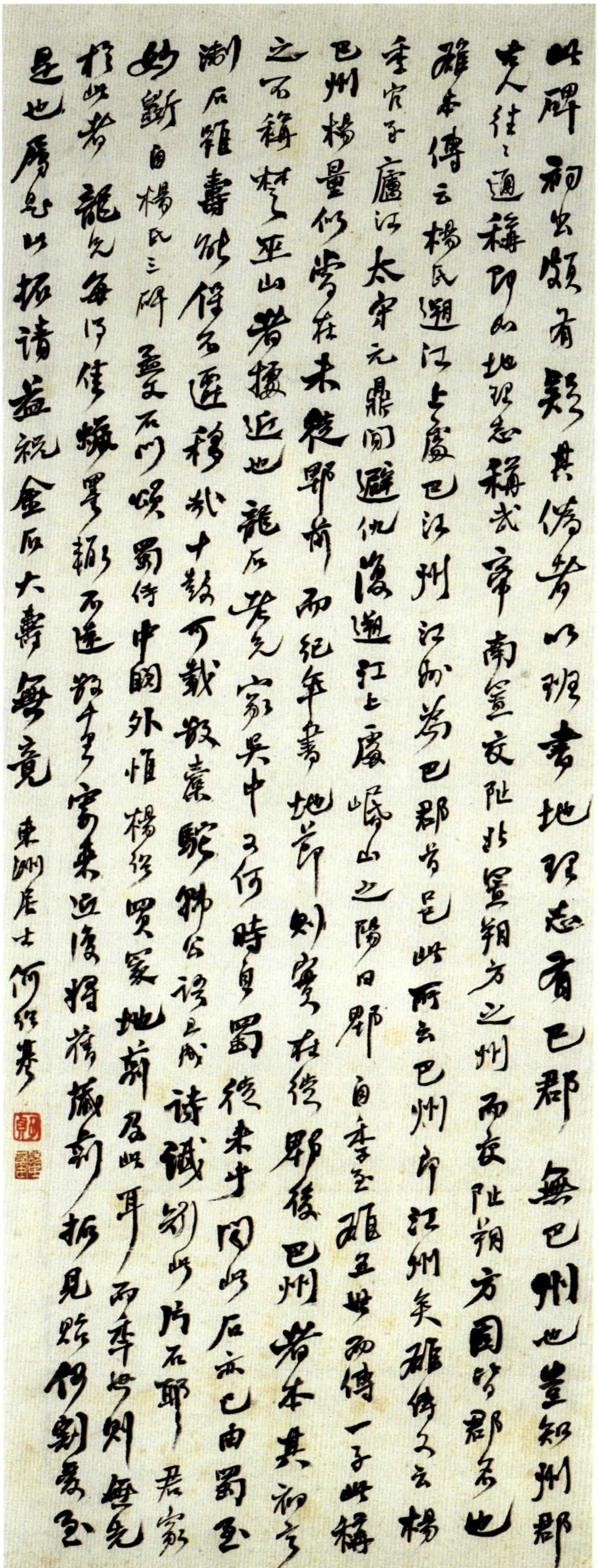

清　何绍基　汉碑题记

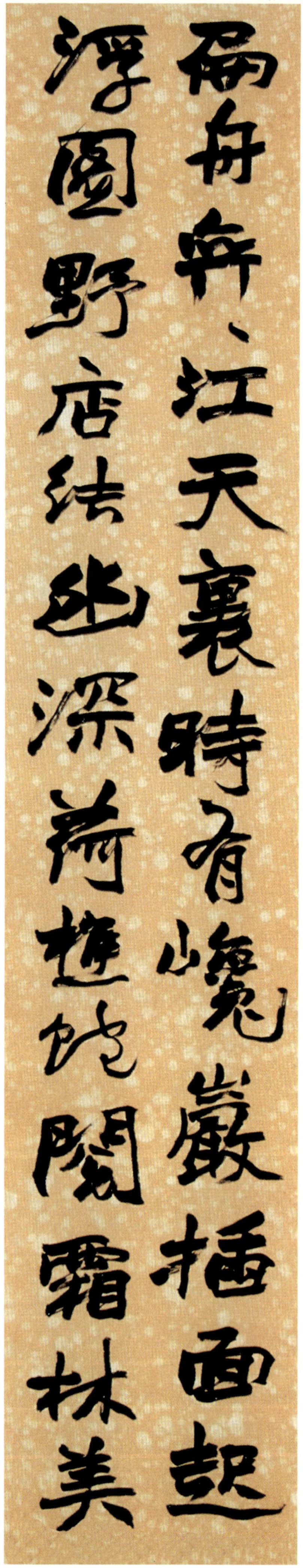

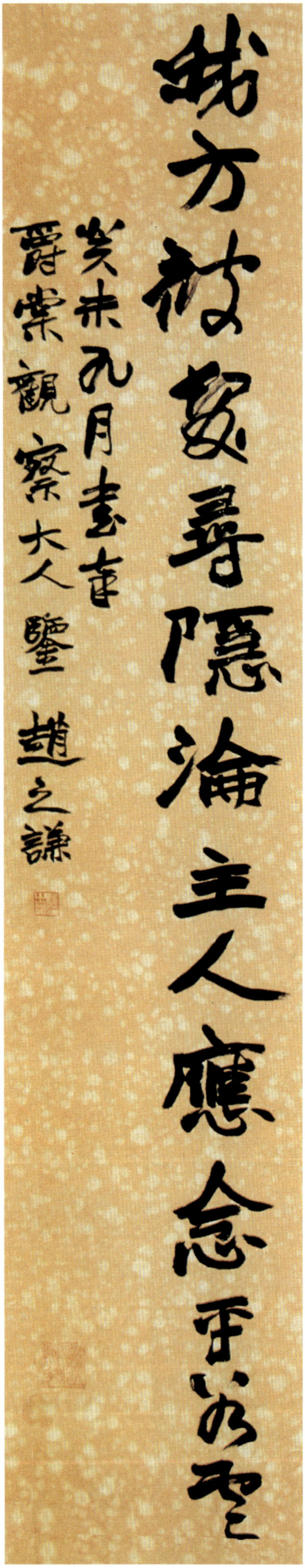

清　赵之谦　行书四屏

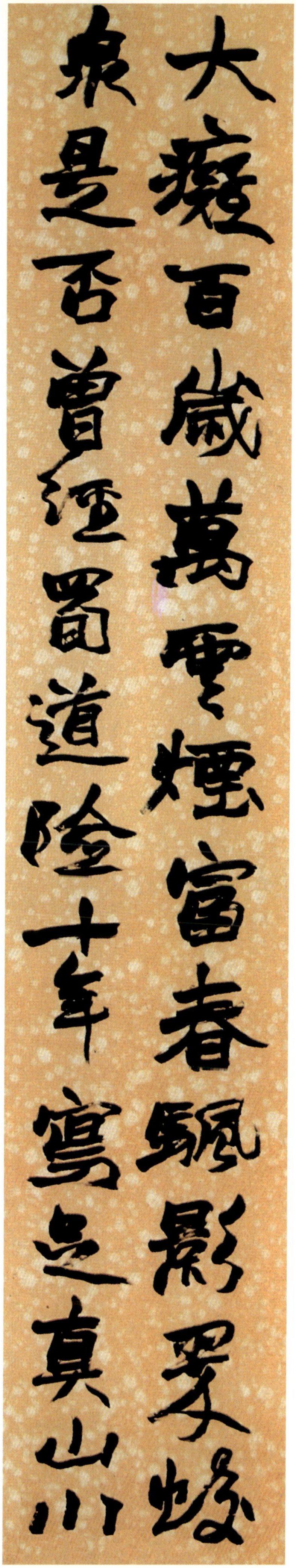
大癡百歲萬雲煙富春飄影翠蛟
泉是否曾經蜀道險十年寫盡真山川

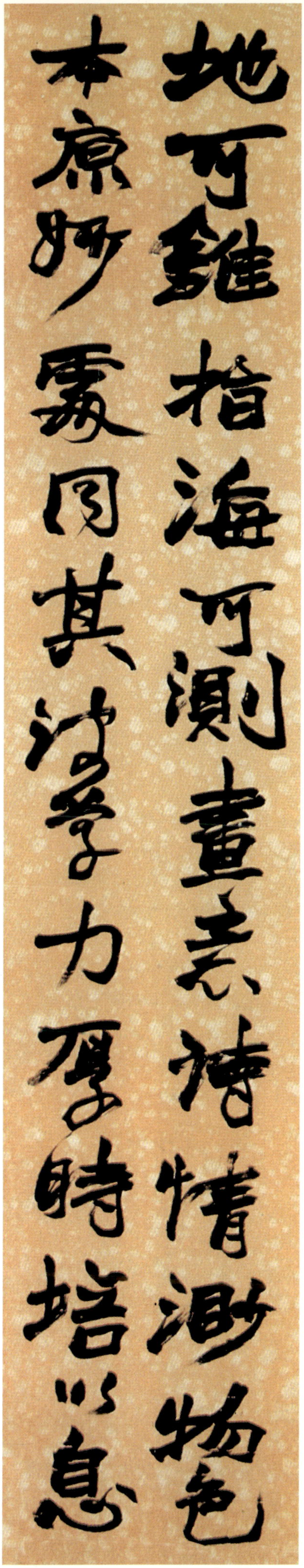
地可縮指海可測畫表詩情渺物色
本原妙處同其神學力厚時培以息

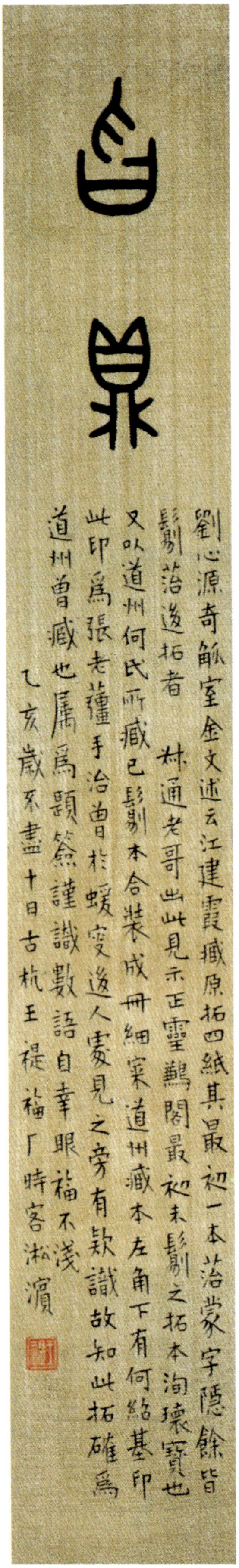

王福厂题召鼎铭签

安国题石鼓文签

郭宗昌题曹全碑签

赵之谦题郑固碑签

姚华题武梁祠画像签

宝熙题张迁碑签

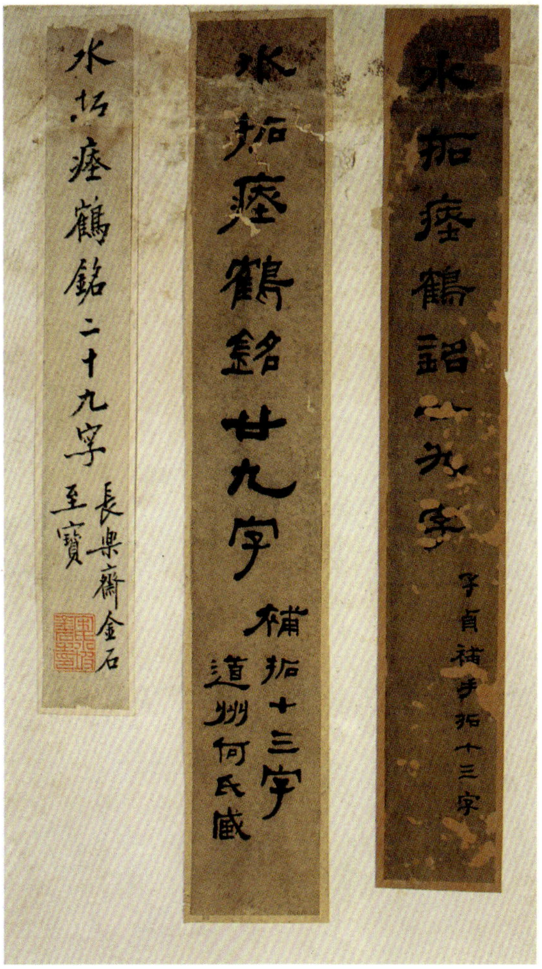

何绍基题瘗鹤铭签

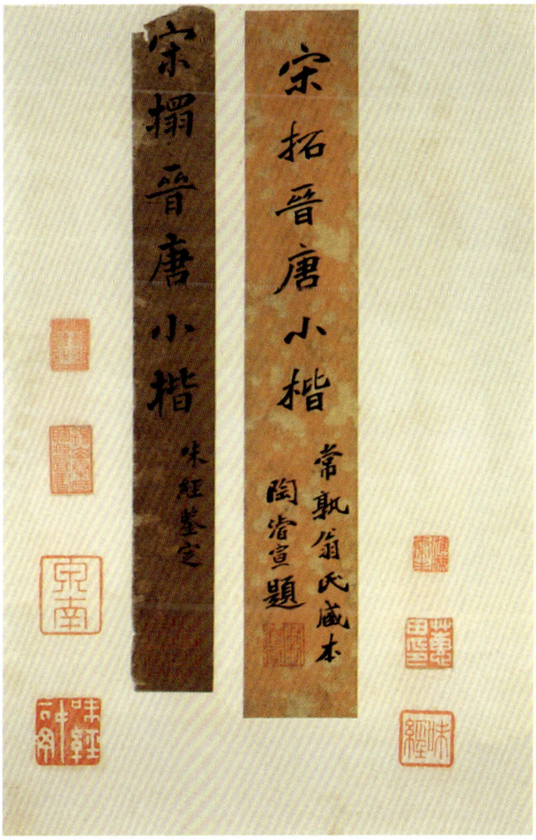

陶濬宣题晋唐小楷帖签

邓传密题广武将军碑签

费西蠡题符秦遗刻签

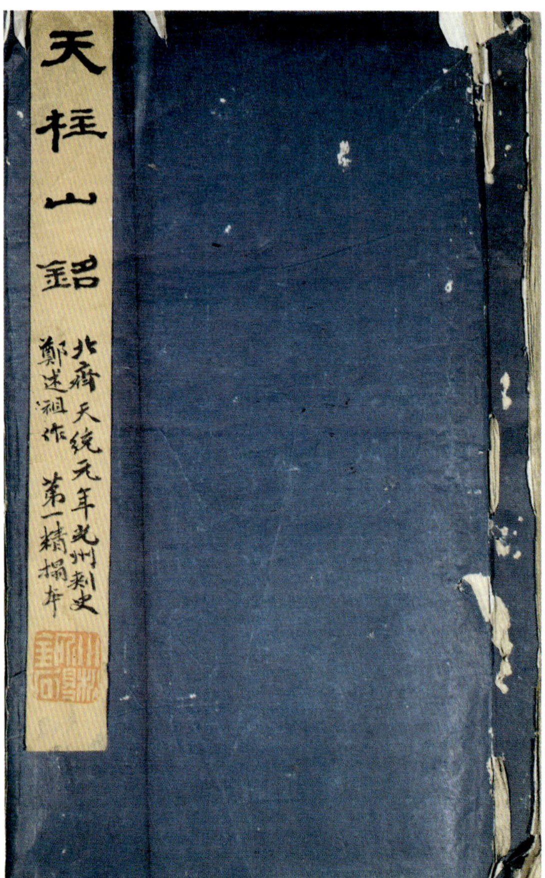

黄易题天柱山铭签

方薰题九成宫碑签

李文田题泰山刻石签

张之洞题衡方碑签

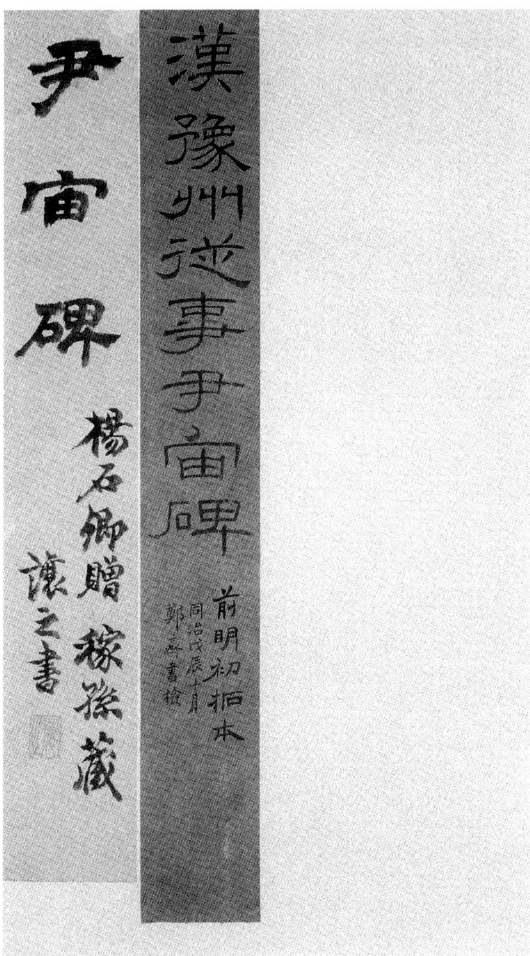

吴让之（左）沈树镛（右）题尹宙碑签

金农题常丑奴墓志签

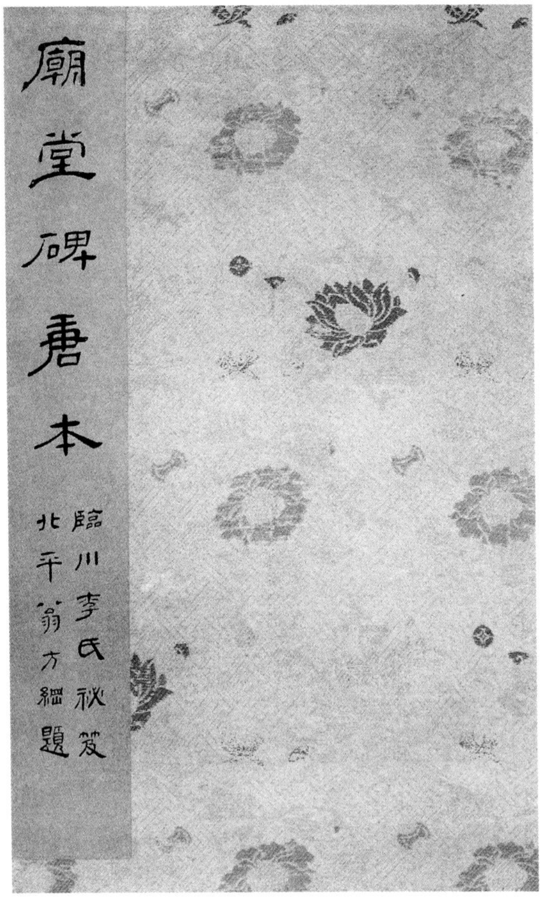

翁方纲题夫子庙堂碑签

临川李氏藏李秀碑签

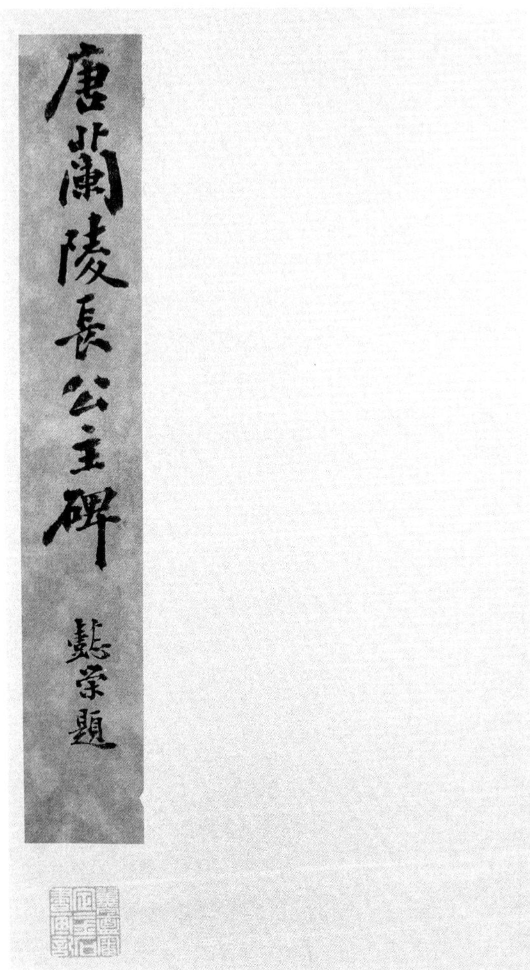

王懿荣题兰陵长公主碑签

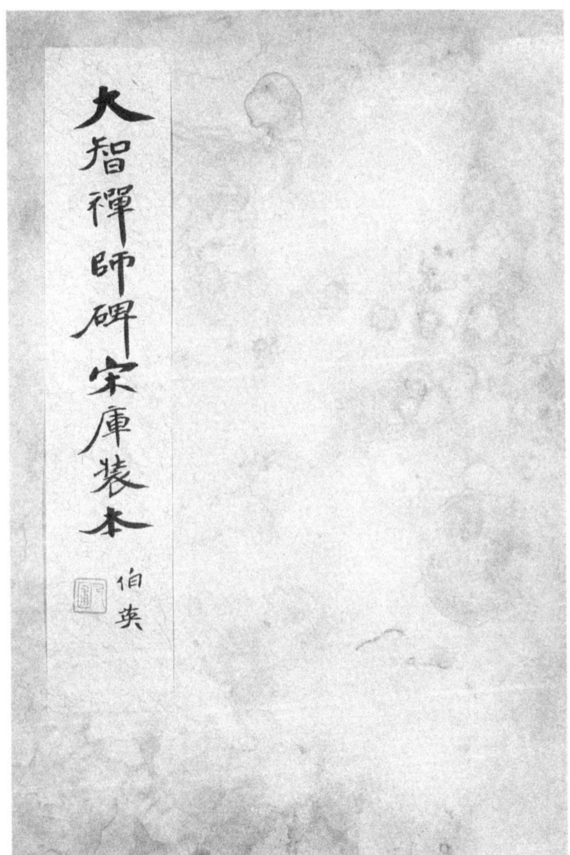

张伯英题大智禅师碑签

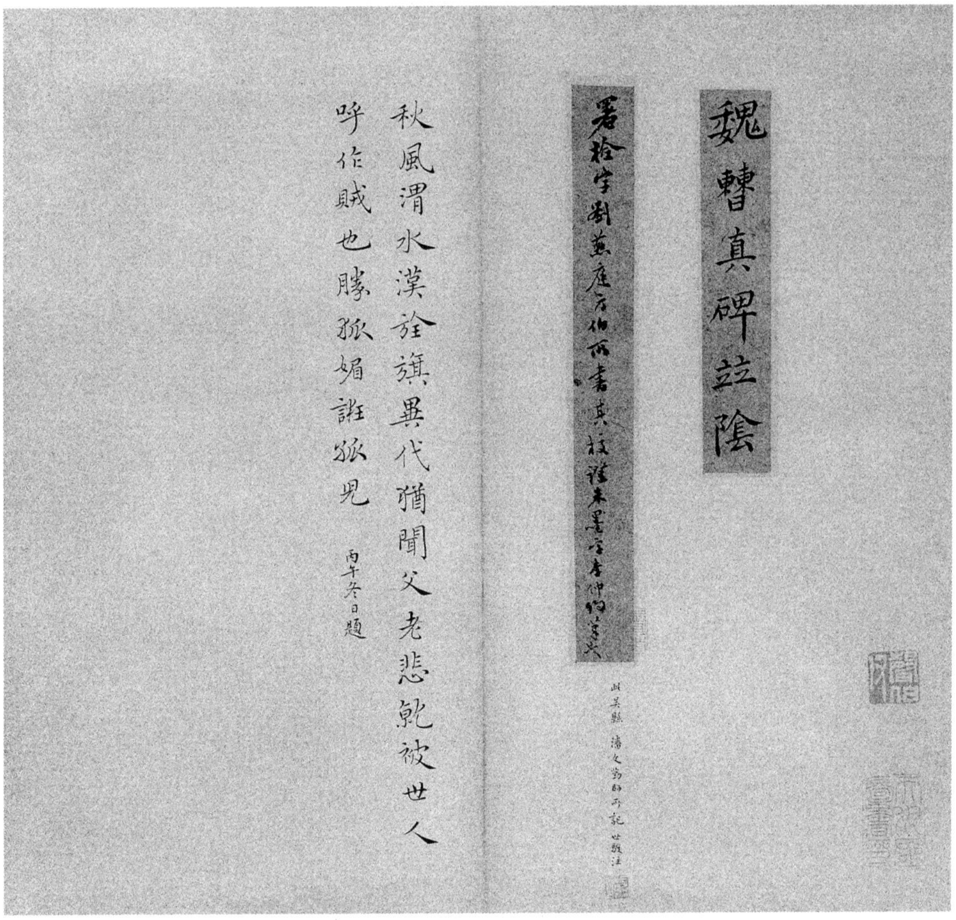

刘燕庭题曹真碑签

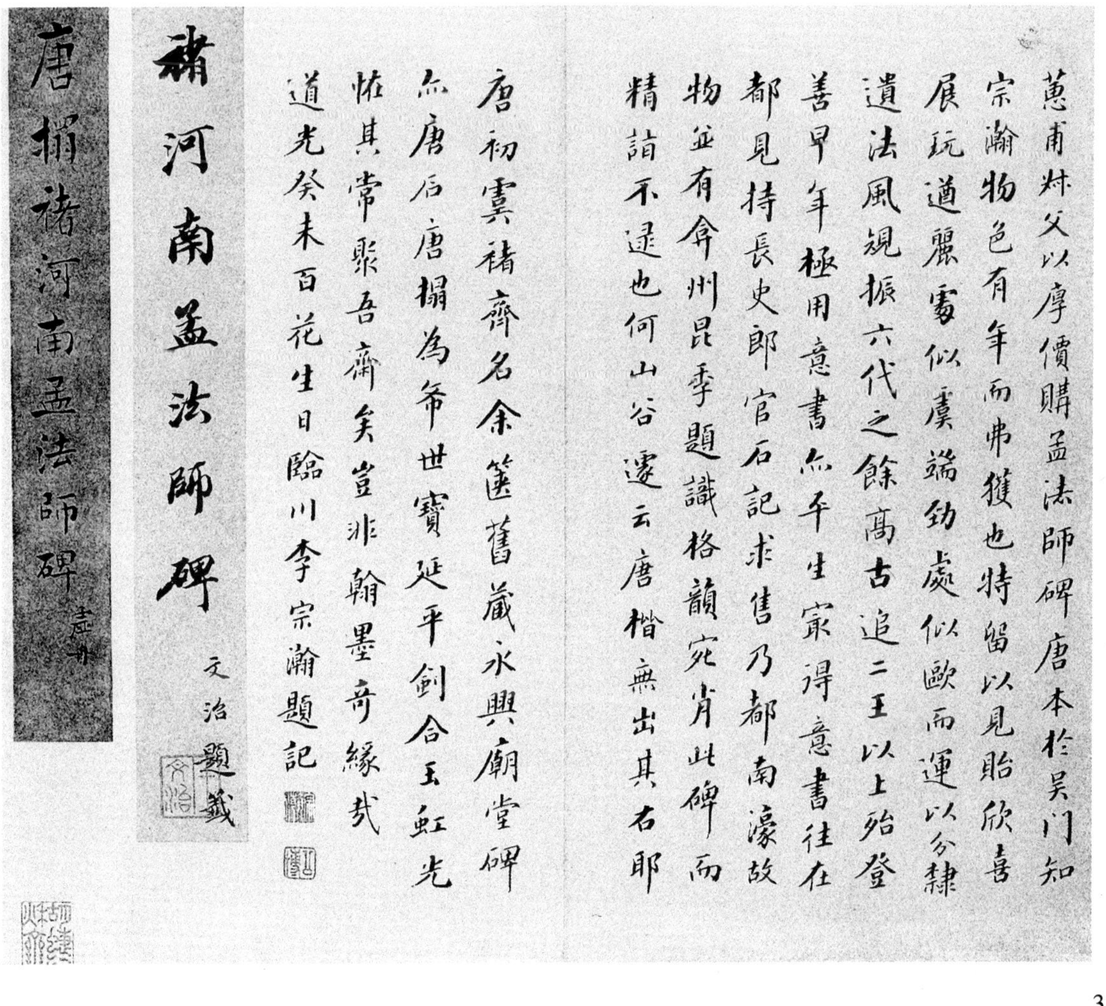

王澍(左)王文治(右)题孟法师碑签

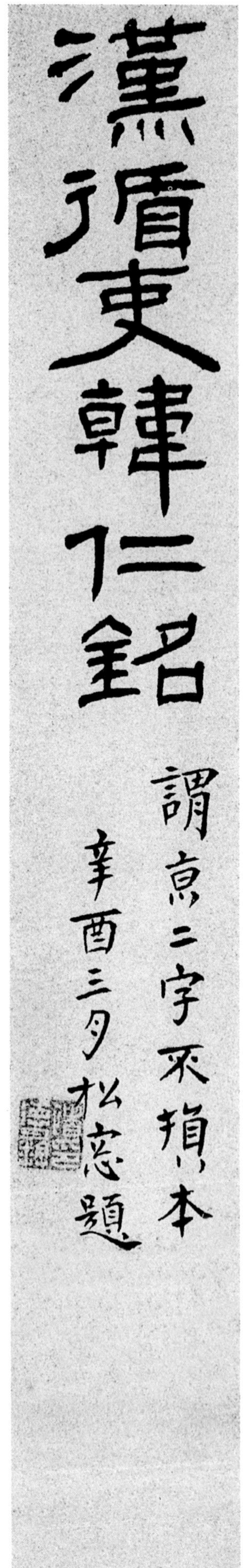

褚德彝题韩仁铭签

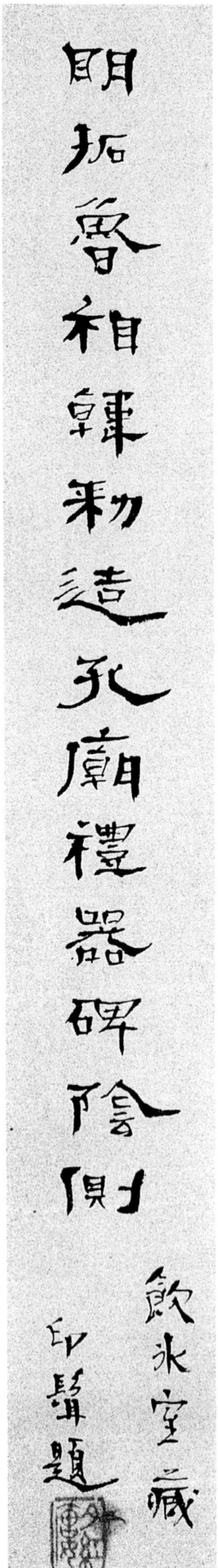

周大烈题礼器碑签

武亿题汉安阳四刻签

梁启超题裴岑纪功碑签

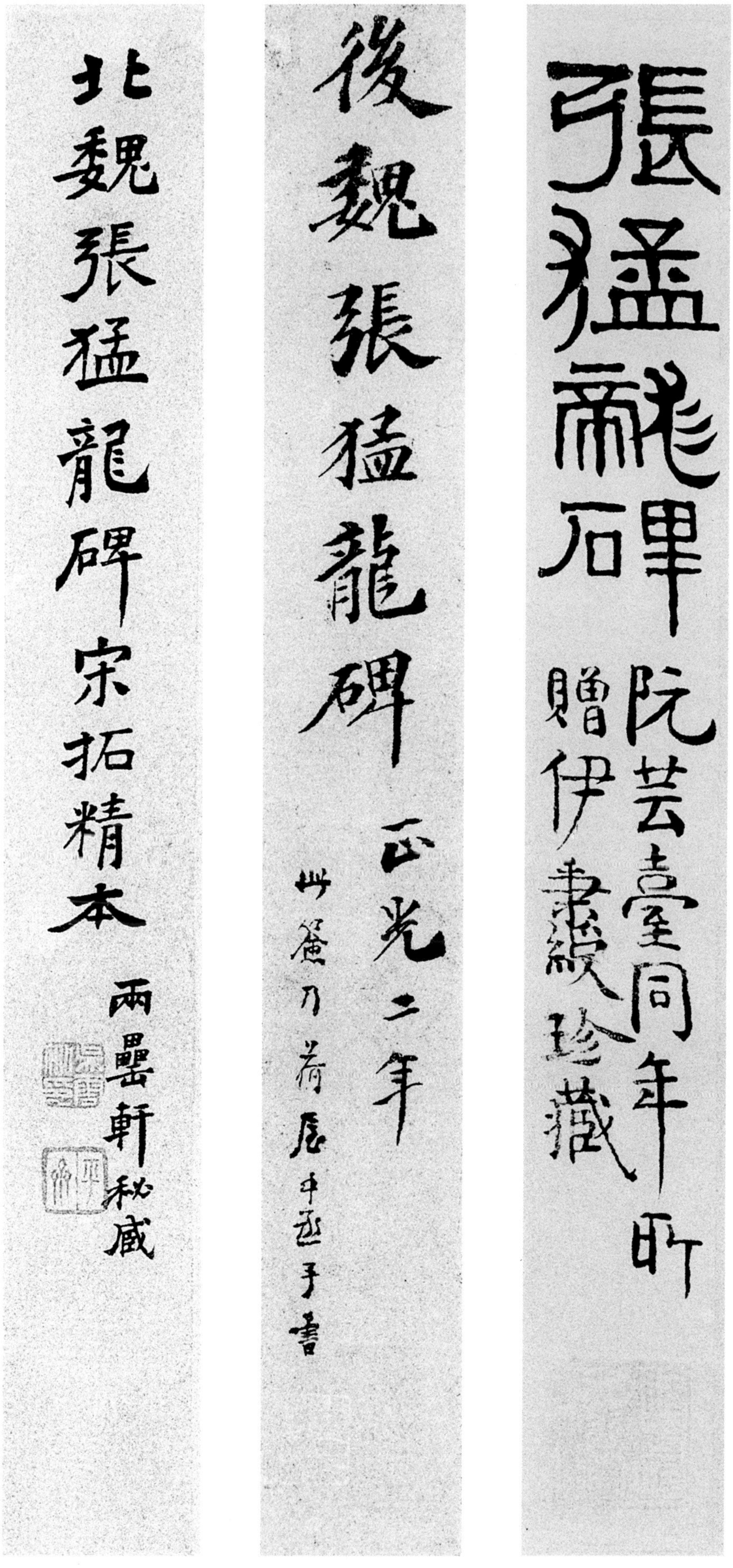

吴云(左)吴荣光(中)伊秉绶(右)题张猛龙碑签

朱翼厂题颜勤礼碑签

李宗瀚题孟法师碑签

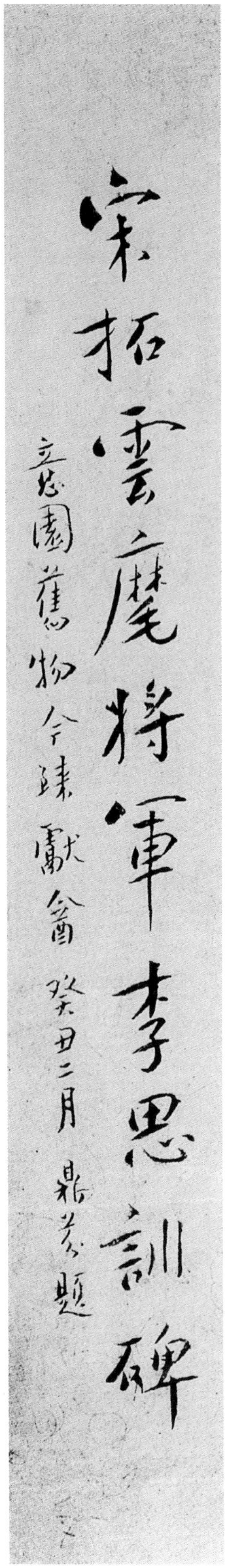

梁鼎芬题李思训碑签

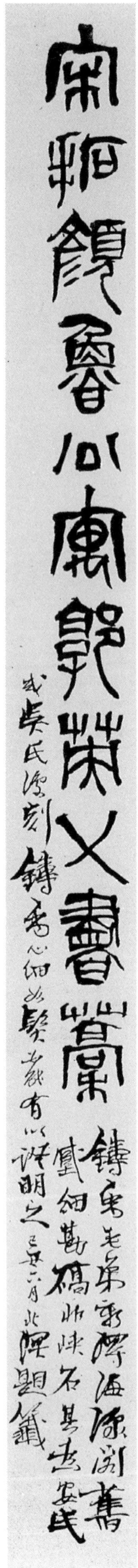

陶北溟题争座位帖签

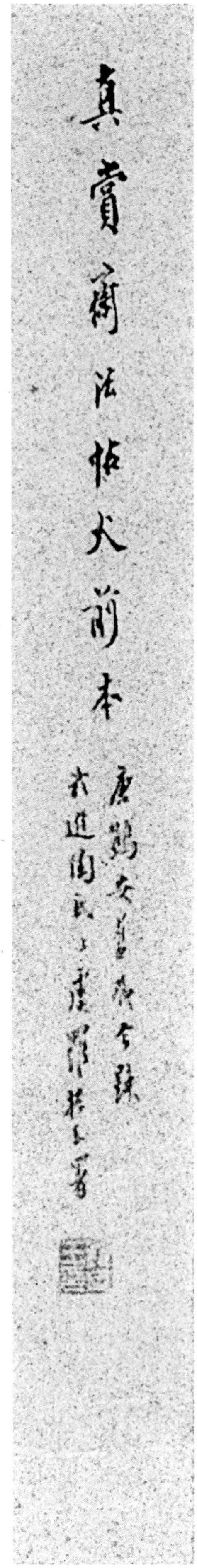

罗振玉题真赏斋帖题签

蛮语东堂

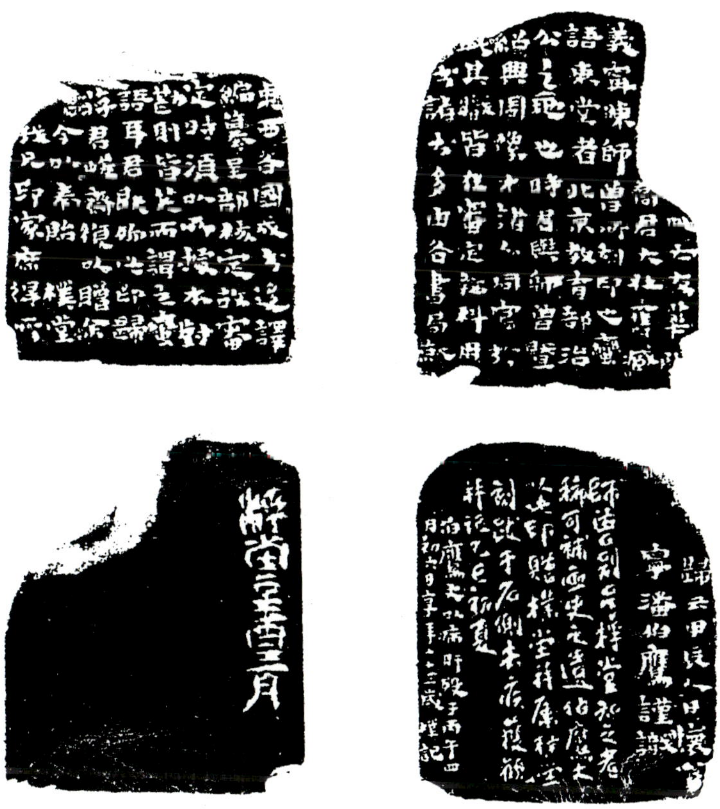

钟刚中篆刻选

画初

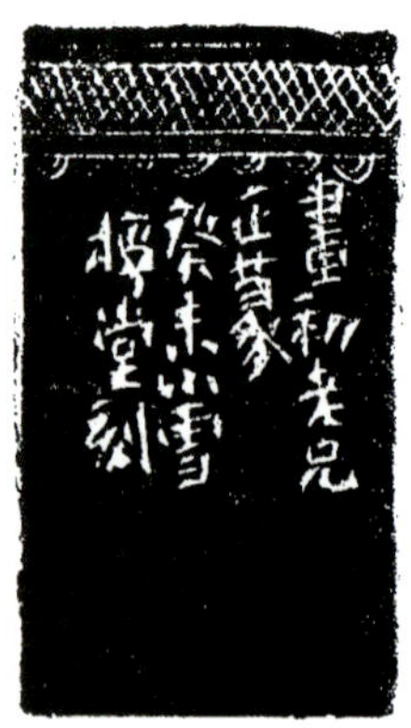

王道元印

沤庐

王道元印

钟刚中篆刻选

瘿陶　郭风惠　短簿　崔传礼印　立斋　郭押　风惠曾读　伧荒

钟刚中篆刻选

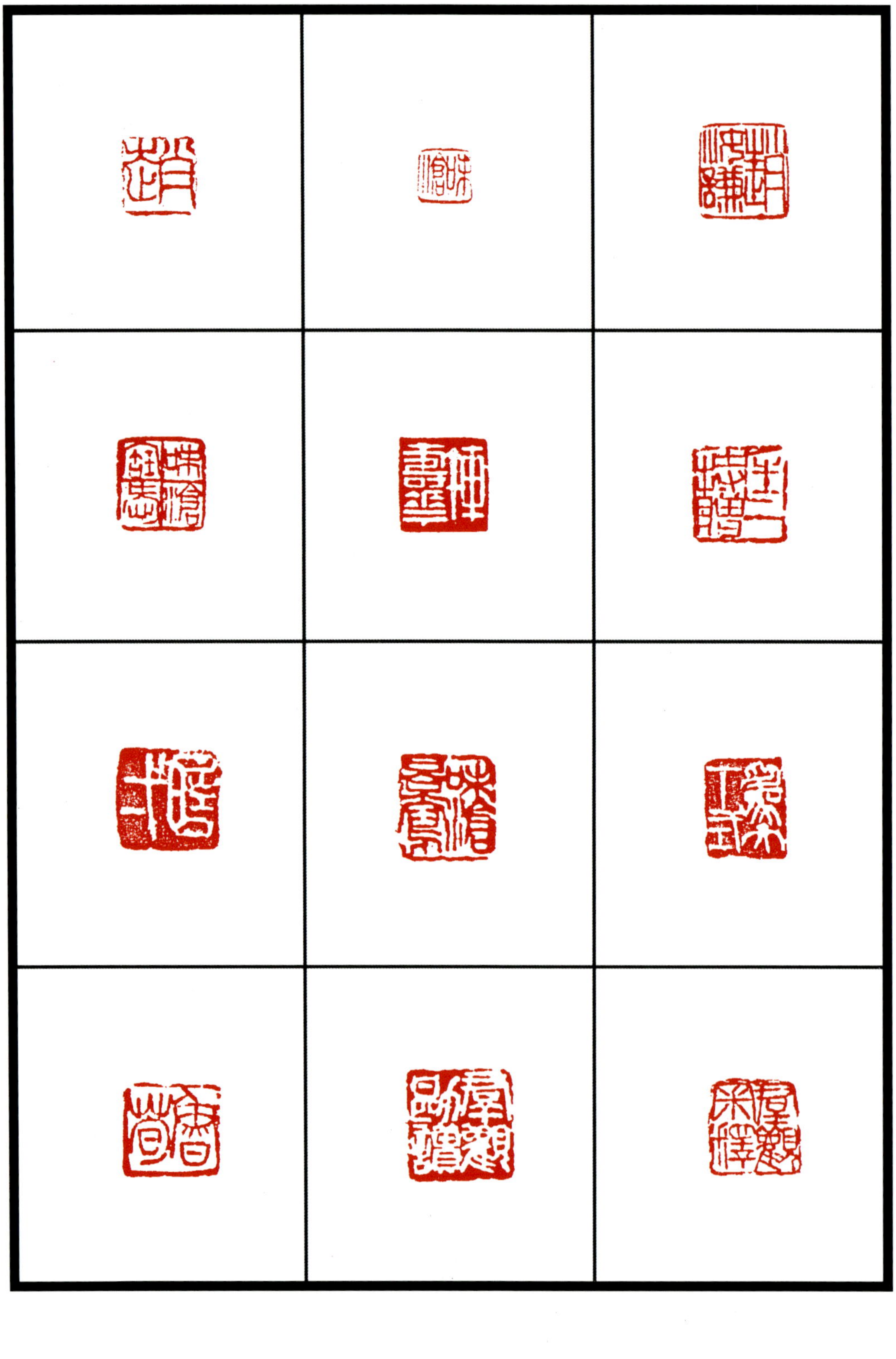

赵汝谦　匡一持赠　为天下式　群观审释　味沧　寿华轩

味沧影写　群观勘读　赵　味沧宝爱　匡一　鲁荀

钟刚中篆刻选

钟

老桴

桴

邕钟刚中章

南宁钟子年所得本

子年

老桴

钟刚中篆刻选

刚中长寿

钟刚中家世守

刚中长寿

桴堂己未以后书

桴堂

钟子年所得本

钟刚中篆刻选

李式忠藏金石书画之记

尉苍手钞

芹献

王綎

四维堂藏

短簿

心则不竞胡宁自舍

钟刚中篆刻选

田文烈印

体仁眼福

天人得一

焕亭

胡祥馨印

为天下式

汶长

钟刚中篆刻选

乐昌张昭芹印　观泉精舍　炳烛居　家在南蛮　江天铎印　手钞千卷楼

钟刚中篆刻选

澄庵、爱吾观过、王怀庆懋宣印、鸿恩长寿、有所思斋、群观

钟刚中篆刻选

羅田匡一　竞盦　易白　堞庐　刘炤长寿　风惠五十岁后作

钟刚中篆刻选

逯见峰藏

匡一田间所作

堞庐

江天铎印

斑山村农

曲江后人

钟刚中篆刻选

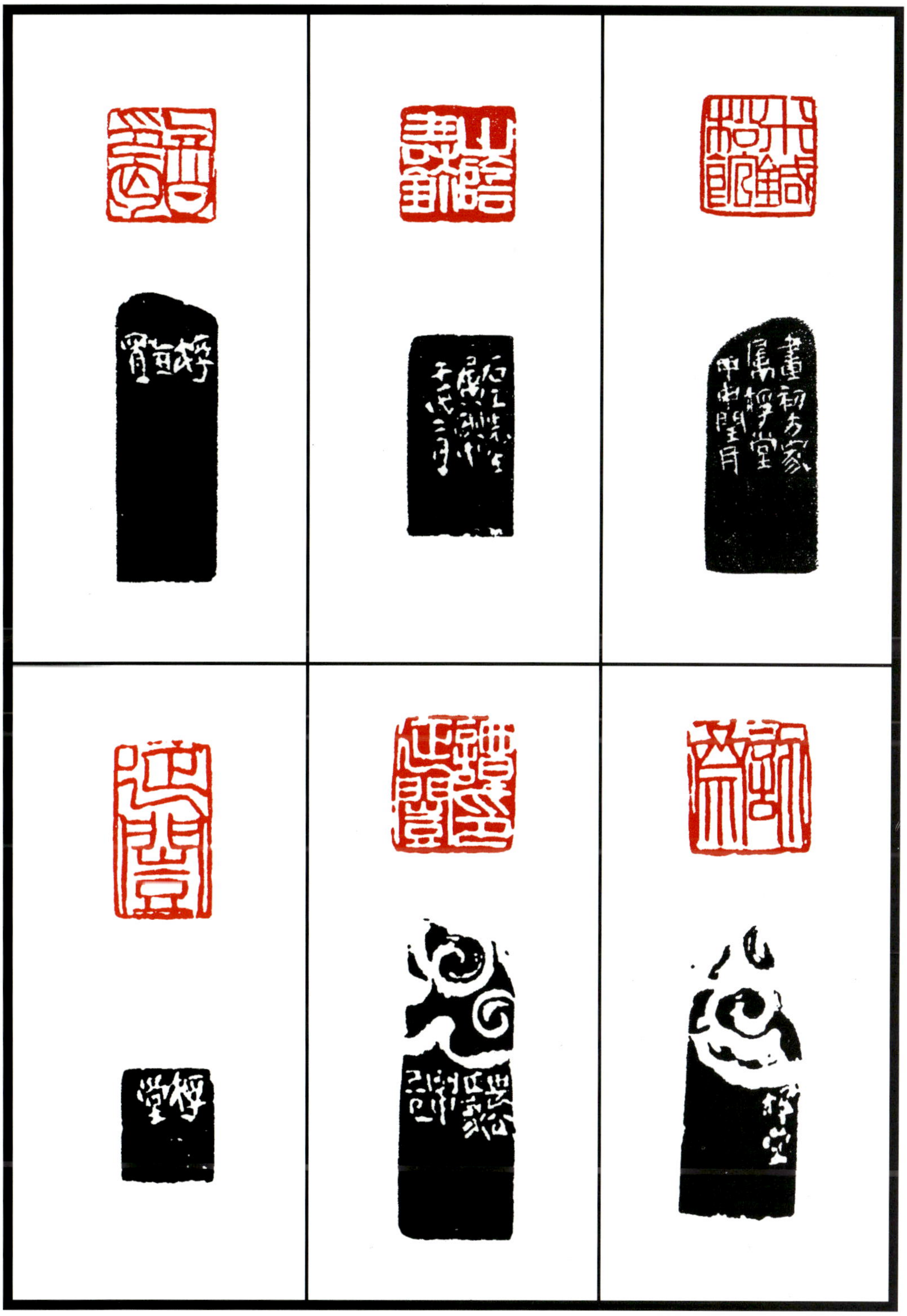

米鍼松馆

詠斋

山阴寿玺

谭延闿印

乙酉印丐

延闿

高古雄浑话桴堂

——钟刚中篆刻艺术简析

啸　沧

我始知桴堂先生的篆刻艺术，那还是在我二十岁左右从师堞庐翁学习书画的时候，距今已有四十多年了。记得堞庐师所作书画上钤盖的印章多为名家之作，其中以桴堂和孔文叔二位先生所治的印为多，也最精妙。

桴堂先生一八八五年生，卒于一九六八年。先生姓钟，名刚中，字子年，号桴堂，晚年又号桴公、柔翁。广西南宁人。清末甲辰进士，晚年任中央文史馆馆员。桴堂先生以诗书画印享誉当代艺林，其中篆刻尤推绝艺。

民国初期，北京的篆刻之风颇盛，名家辈出，如齐白石、陈师曾、乔曾劬、丁二仲、寿石工、陈半丁、丁佛言等，而桴堂先生也是其中的佼佼者。这些人中除齐白石享有大名外，另有几位只是近年来有人撰文研究和印谱行世，才逐渐为人所知。唯独桴堂先生不事标榜，性情耿介，又因印谱流布不广，其生平及艺事为名人和艺术家词典所不载，如今知桴堂先生者甚鲜，就是在篆刻界中也有不知桴堂先生为何许人者。

近读《朵云轩藏书法篆刻选》一书，见其中收有桴堂先生为乔曾劬(大壮)刻“蛮语东堂”一印，边款署“桴堂辛酉三月”，印侧还有吴朴所刻潘伯鹰识语和方去疾所刻的观款，记录了此印的递藏经过。潘的识语是“此亡友华阳乔君大壮旧藏义宁陈师曾所刻印也。蛮语东堂者，北京教育部治公之地也。时君与师曾暨绍兴周豫才诸人同官于此，其职皆在审定教科用书。诸书多由各书局就东西各国成书迻译编纂，呈部核定，故审定时须以所据本对勘，则皆笑而谓之蛮语耳。君既殇，此印归蒋君峻斋，复以赠余。今以奉贻朴堂我兄印家，庶得所归云。甲辰人日，怀宁潘伯鹰谨识。”方的观款为“师曾别号桴堂，知之者稀，可补画史之遗。伯鹰丈以此印赠朴堂，并属朴堂刻跋于右侧，去疾获观并记，乙巳初夏。”由此可见，潘、方二位海上名家，误认此印为陈师曾所刻，又以为桴堂是陈师曾“槐堂”之外的又一个别号，显然是张冠李戴了。

桴堂与槐堂二位先生在篆刻风格上确有近似之处，都有古拙朴茂之质。所以寿石工《评近印人诗廿一首》其中一首，就是将二位先生放在一起而咏评的，诗曰“头白虫鱼忏昔狂，桴堂或者逊槐堂。心肝镂尽浑闲事，奇气纵横意可降。”其实桴堂先生颇为自负，对与他同时的印人少有当意者，而对槐堂先生却评价很高，曾说“陈(师曾)印甚佳，然亦有非佳者；有比吾胜，亦有逊于吾也”此论十分客观。桴堂与槐堂的篆刻都以格调高古，气势雄伟见长，又能自出机杼，不落窠臼，而各有建树，可以说二位先生难分轩轾，堪称一时瑜亮。

民国初年以来，高古雄浑的印风大都源自吴昌硕。槐堂先生为吴的弟子，印学自然胎息于吴；

桴堂先生虽未受业于吴，但他的篆刻深受吴的影响却时而可见。二位先生的可贵之处是虽学吴但不徒袭其貌，而能各辟新径，别开生面。他们的印学有着相似的发展历程，都是由取法晚清诸家（如赵之谦、吴昌硕等人），更上窥古代玺印、鼎彝、权量、泉币、镜铭、古陶、砖瓦、碑额，然后共冶一炉，自创体貌。就是二位先生后来受到黄牧甫印艺濡染的情况，也极为相同。黄牧甫创造了峭拔雄深，清刚险绝，光洁妍美的印风，在晚清称一代宗师，开创了新的篆刻流派"黟山派"。黄的弟子有李尹桑及私淑者邓尔雅、乔曾劬等，他们于黄派篆刻都有发扬光大之功。乔曾劬与槐堂先生同事于北洋政府的教育部，时相过从；桴堂先生为乔 刻"蛮语东堂"一印，亦可见二人也有交谊。乔曾劬将黄牧甫"黟山派"的印风带到北京，无疑会给北京的印人以启示。槐堂先生曾说黄牧甫工致光洁的刀法"最可学"；桴堂先生也对另一位"黟山派"的健将邓尔雅十分推许。二位先生不囿于一家，转益多师，都吸收了黄牧甫雄健的刀法，所以他们的刻印并不是一味追求斑驳，以破碎为能事，而是毫无矫揉造作的习气，故能不类时俗。桴堂先生还常以楷书入印，得六朝碑刻和元押的意味，奇趣盎然，十分耐看。桴堂先生曾把邻苏老人（杨守敬）所藏元押一册，嘱友人赵味沧钩摹，以置案头心赏观摩，其笃好如此，故所作楷书印不同凡响，得元押之三昧。

桴堂先生的印作除自用者外，更多是为名家所刻，如谭延闓、寿石工、郭风惠、赵味沧等人，并深受这些名家所喜爱。赵味沧曾说"桴堂为我治印作画，必较他人精好。"王北岳在《印林见闻录》中说"曾绍杰先生嘱拓谭祖安（延闓）先生遗印，其中赫然发现钟印十余方，古拙倔强，极为生辣，与其古拙坚实，跌宕雄强之质，远非时流之故作纤秀者可比。"堞庐师素与桴堂先生稔，书画作品上多喜用桴堂先生为其所作印，堞庐师用印较为讲究，尝谓请他人之治印，应与自己的书画风格协调为宜。不少篆刻家和学生都曾为堞庐师治印，但并不为其所常用，有的甚至从未曾用过。桴堂先生所作印，其印风与堞庐师的书风、画风十分统一，有相得益彰之妙。堞庐师《赠 钟子年先生》诗，其中有句云："定志多运力，深讳有才名。纸贵诗藏稿，石顽铁有声……"堞庐师在诗中表达了对桴堂先生才华横溢，品格高洁的激赏和敬重。

桴堂先生的印作发表的除朵云轩所藏一印之外，台湾的王北岳在《印林见闻录》上刊有三印，马国权所著《近代印人传》上刊有八印，最近中日出版的《中国历史博物馆藏法书》玺印篆刻卷中刊有二印，桴堂先生的印作可以说是难得一睹。据《近代印人传》载，桴堂先生曾自辑印谱两册，一署《桴堂印稿》、一署《桴堂刻印》，原为金禹民收藏，后赠该书作者，未见印行。近日友人义从冷摊上得《柔翁印稿》一册，收印约四十余方。

现经多方搜集共辑得桴堂先生的印蜕八十余方，特为刊出，以飨同好；并藉以表达对这位如今已名不见经传的杰出艺术家的缅怀和敬仰之情。

北京当代篆刻选

王任

丙辰书画之记

尔遐

戊午

寿平古稀以后作

外里扬州

丙寅

丁巳

大风堂门人

熊伯齐

逸之　容生之玺　超以象外　写心　璃　文雅堂　德不孤　古木古寺

刘铁宝

长白山过客　致虚守静　春到人间　山左阿辛　慰我素心香袭袖　庆祝建国五十周年

生存义

白阳　禅易居　杨羊　老当益壮　墨臣　李燕　醉墨　玉楼

吕品

日新月异

宽可走马

往事不宜追

弃文行商

率真

行云流水

王兴家

黑白恋　无争　史国良　慧禅　墨缘　风吹细细香　有始无终　淡心处事情眼观花

赵海明

书痴　鸿尔　万紫千红　千山响杜鹃　玄空　方童子　采椽不斫

曹海波

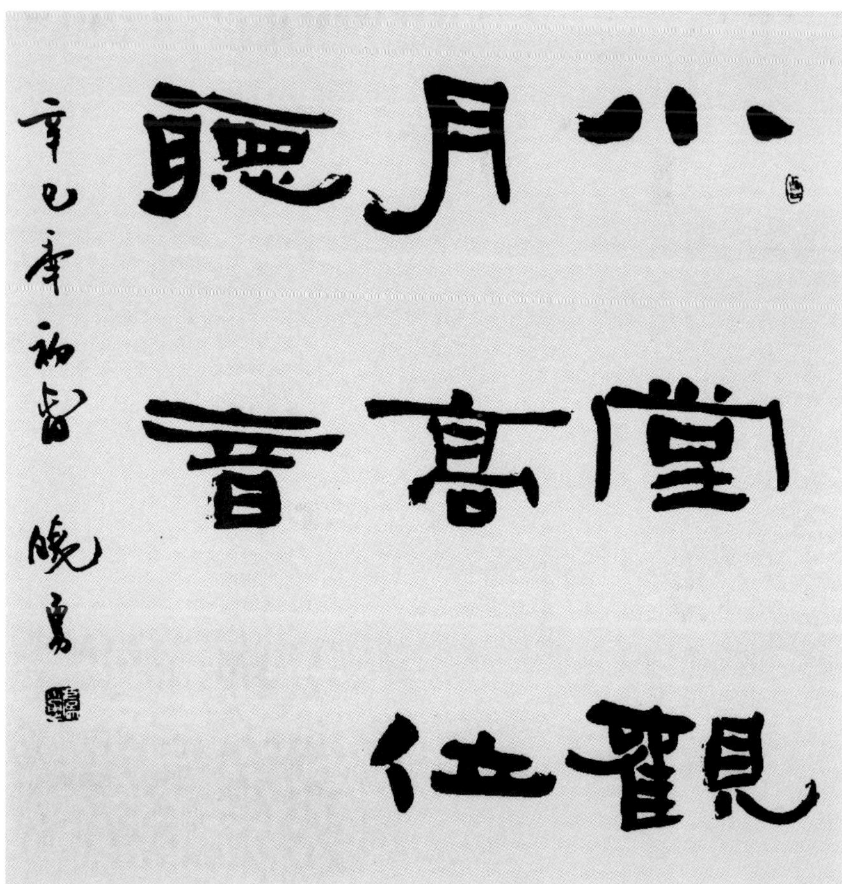

虞晓勇

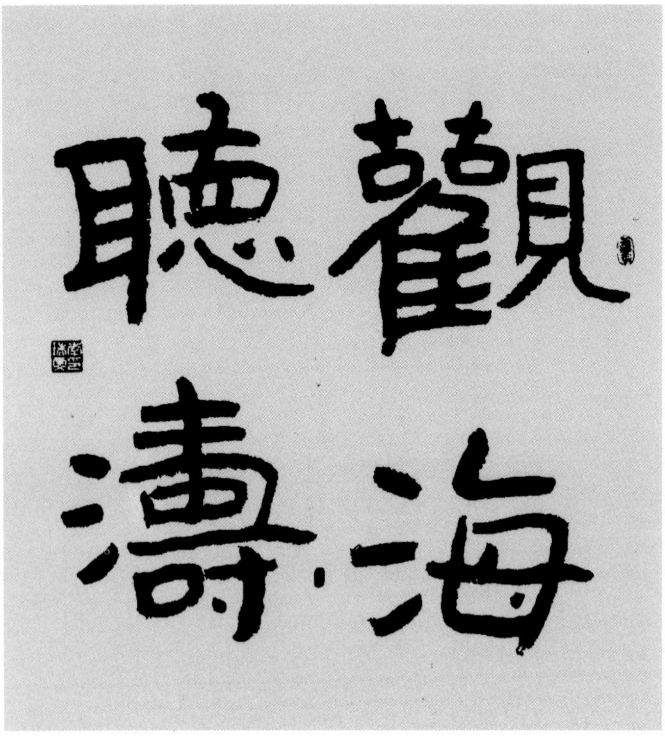

李瑞雯

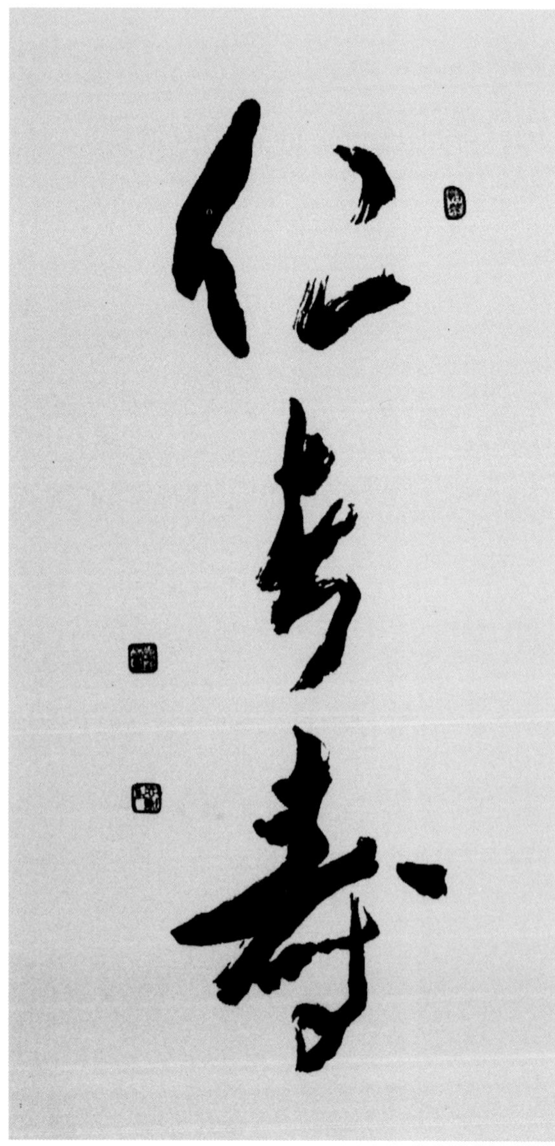

林志诚

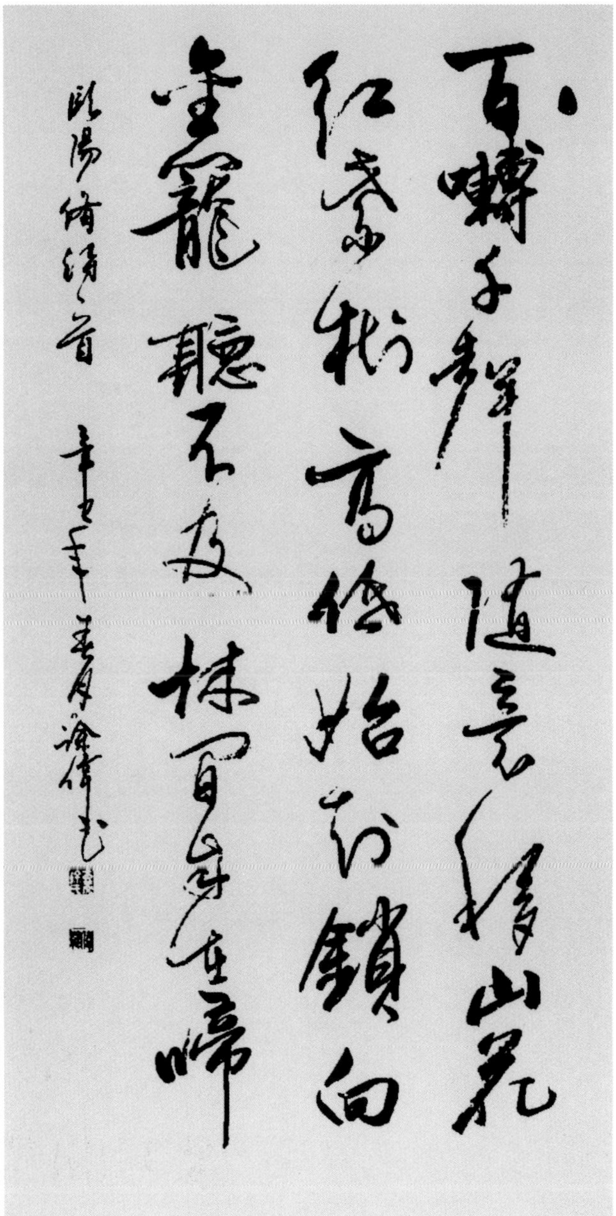

徐　伟

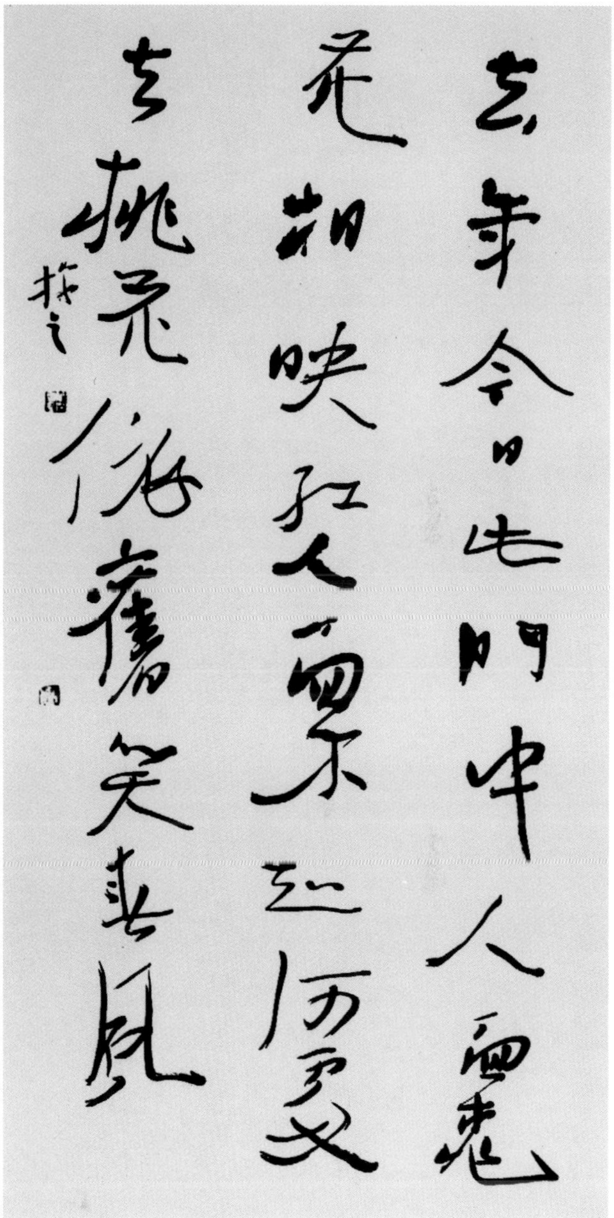

张　杰

勝日尋芳泗水濱無
邊光景一時新等閒
識得東風面萬紫千
紅揔是春
朱熹春日詩
馬國慶

马国庆

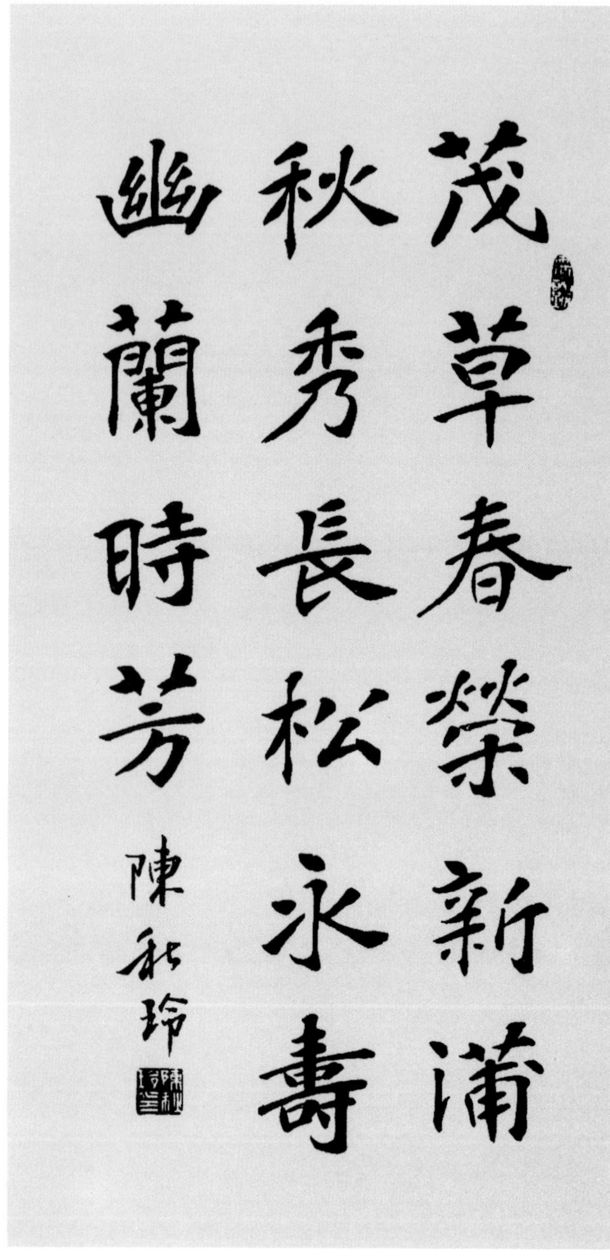
茂草春榮新蒲
秋秀長松永壽
幽蘭時芳
陳秋玲

陈秋玲

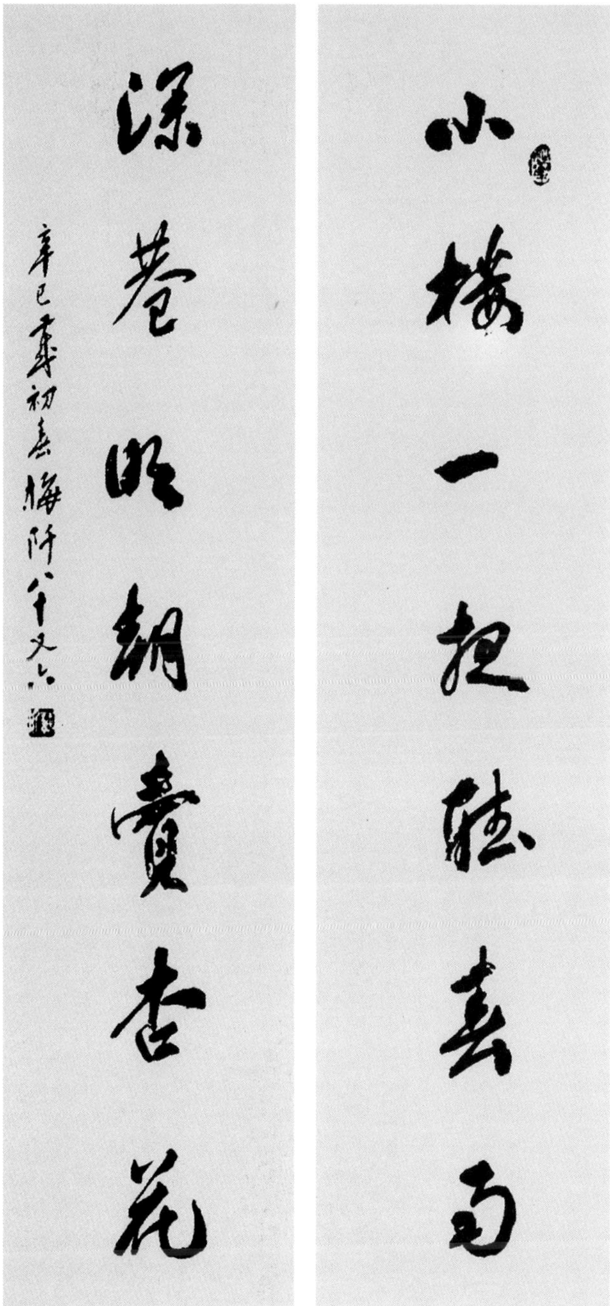
小楼一夜听春雨
深巷明朝卖杏花
辛巳年初春梅阡八十又六

梅　阡

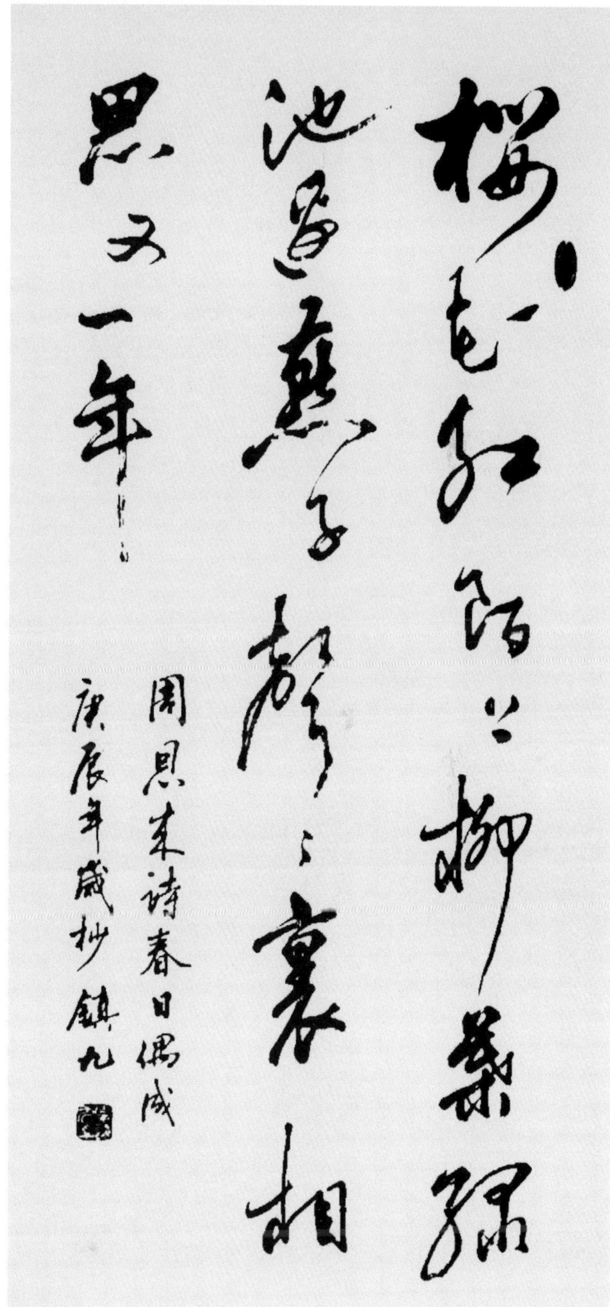
樱花红陌上柳叶绿池边燕子声声里相思又一年
周恩来诗春日偶成
庚辰年岁杪镇九

夏镇九

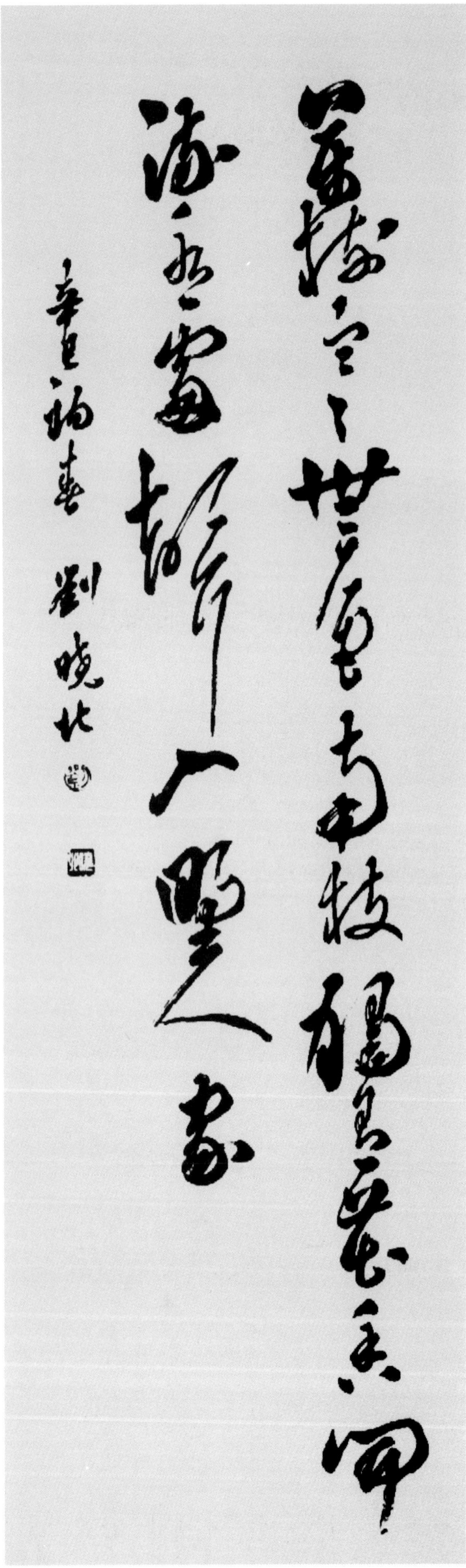

刘晓北

刘振英

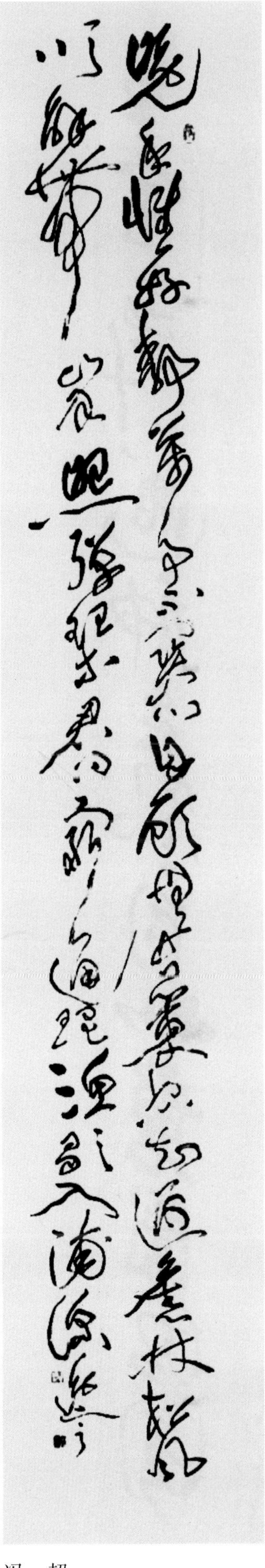

冯　超

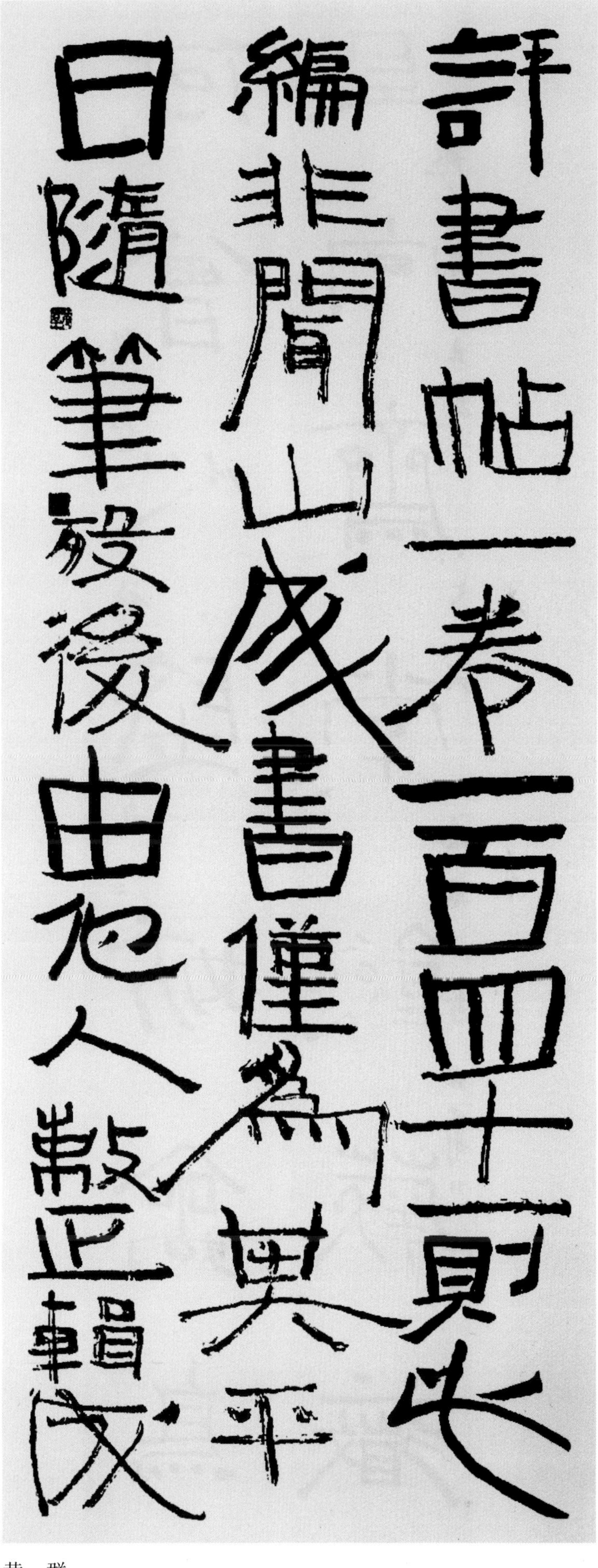

黄　群

杨福忠

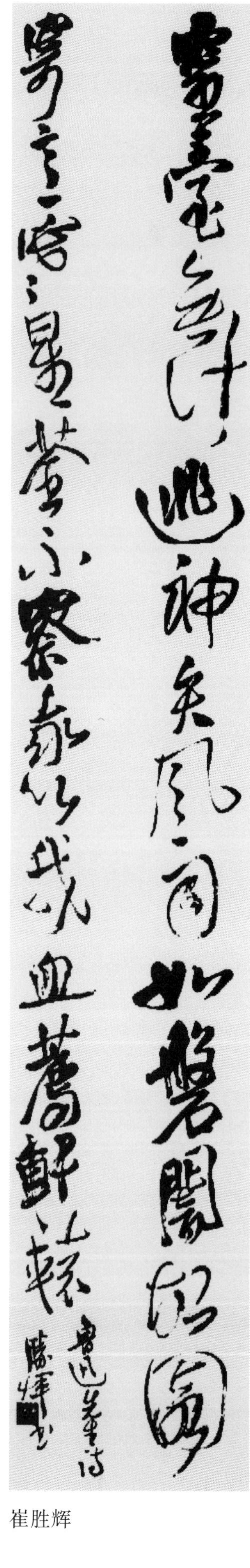

崔胜辉

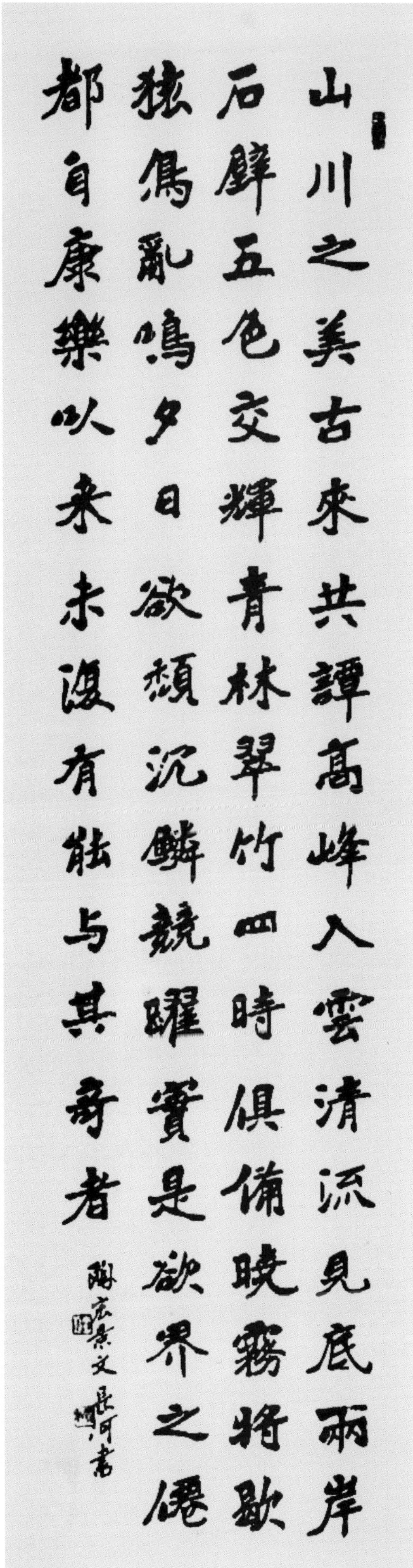
山川之美古來共譚高峰入雲清流見底兩岸
石壁五色交輝青林翠竹四時俱備曉霧將歇
猿鳥亂鳴夕日欲頹沉鱗競躍實是欲界之僊
都自康樂以來未復有能與其奇者
陶弘景文 長河書

李长河

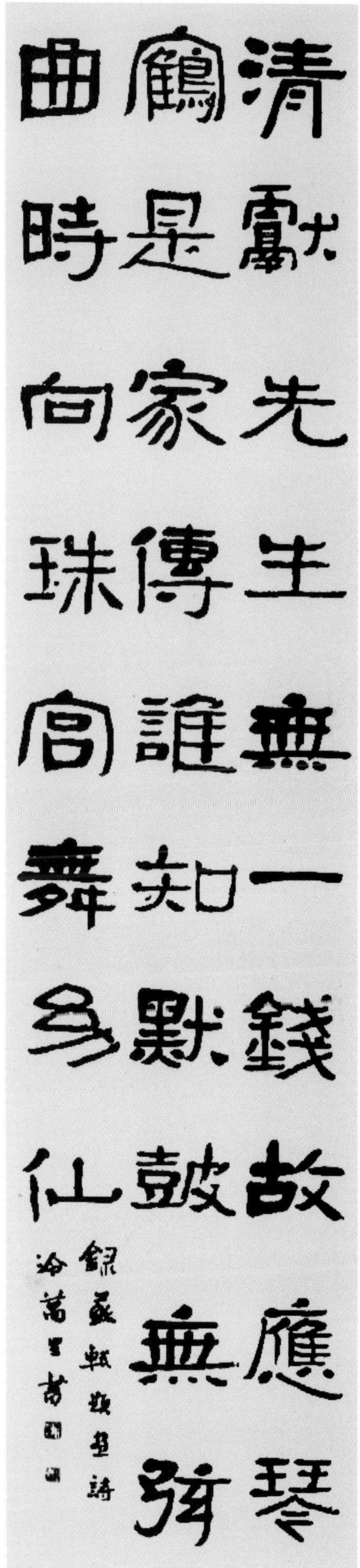
清獻先生無一錢故應琴
鶴是家傳誰知默鼓無弦
曲時向珠宮舞幻仙
錄蘇軾詩
冷萬里書

冷万里

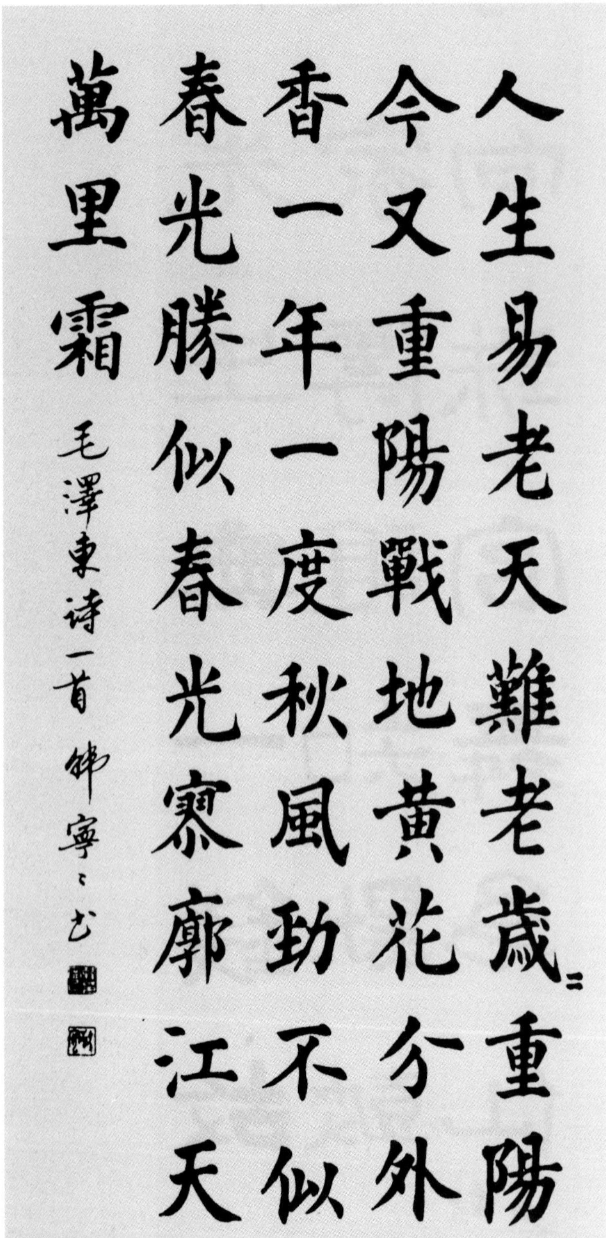
人生易老天難老歲歲重陽
今又重陽戰地黃花分外
香一年一度秋風勁不似
春光勝似春光寥廓江天
萬里霜
毛澤東詩一首 韓寧寧書

韩宁宁

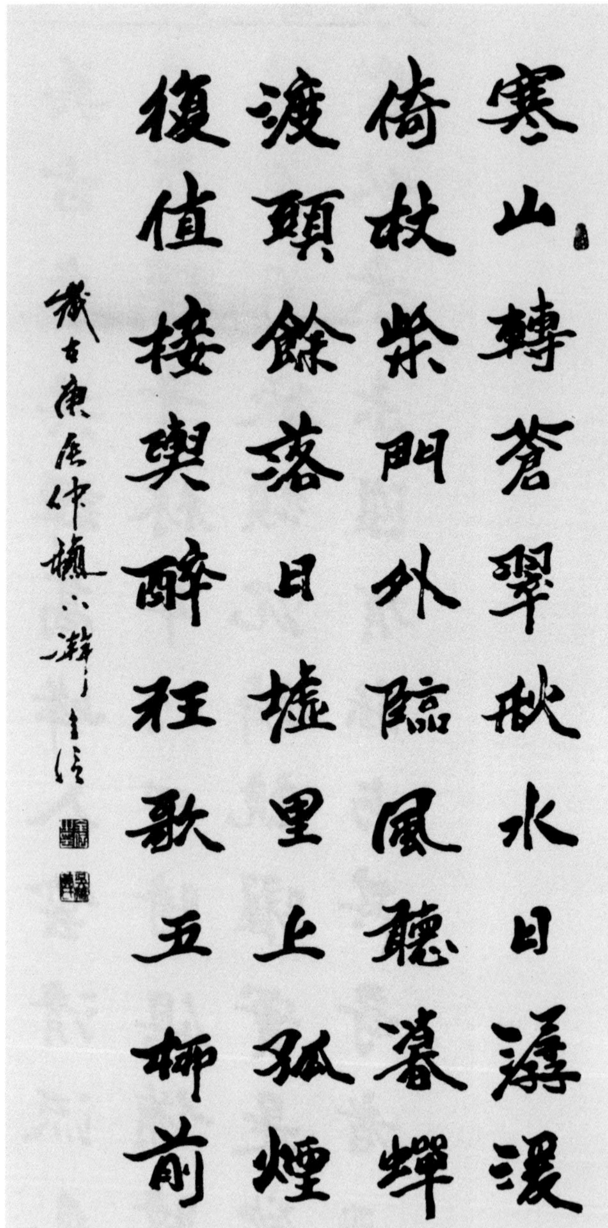
寒山轉蒼翠秋水日潺湲
倚杖柴門外臨風聽暮蟬
渡頭餘落日墟里上孤煙
復值接輿醉狂歌五柳前

黄全信

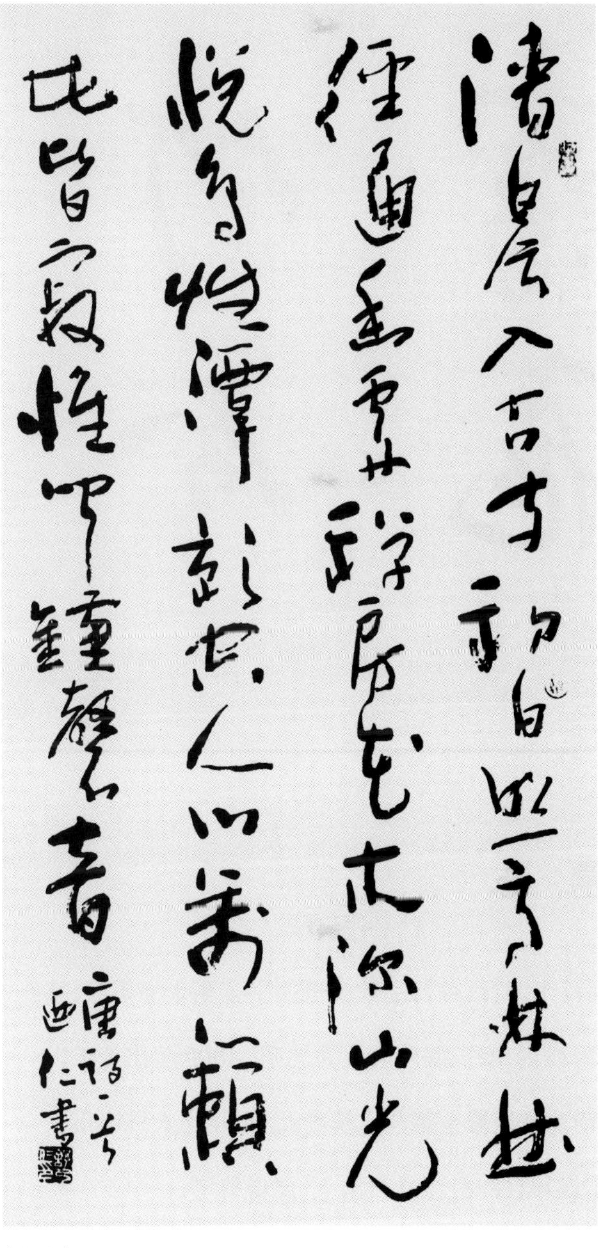

舒乃仁

郭金铭

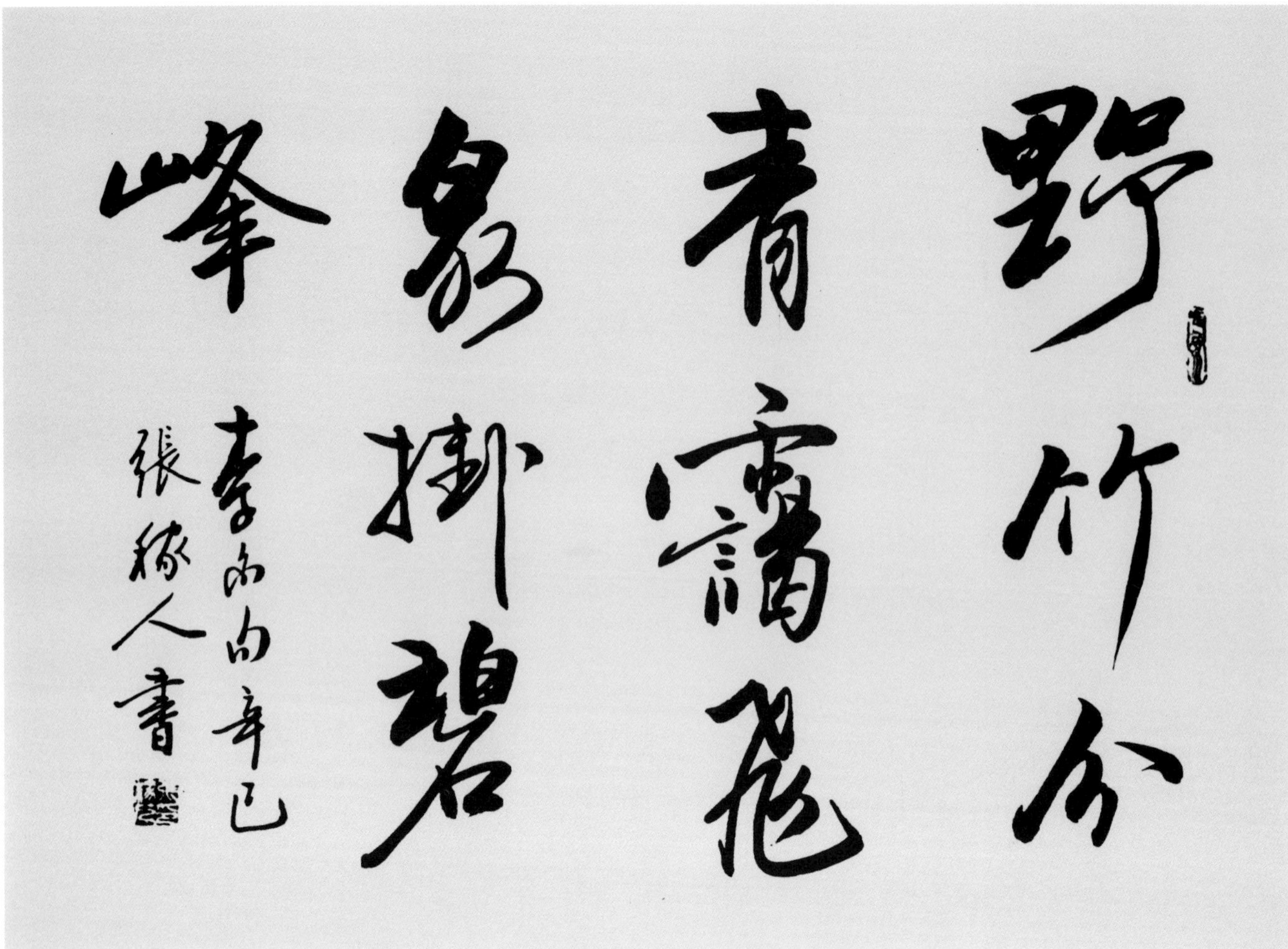

张稼人

碑帖范本介绍

魏李璧墓志

李璧墓志 正书，计三十行，每行三十一字。志阴有字一列计十四行，每行字数少至四字多至十字不等，字迹较志阳字稍大。北魏正光元年(521)十二月刻。此志是以旧碑改刻，磨旧碑碑阴改为志阳。1909年出土于山东德州。志阴刻有罗正钧题跋四行，跋文是“宣统元年(1909)津浦铁道修至德州北境获此石，从土人以银币三百购置金石保存所。”另据《校碑随笔》所记。此志为光绪二十四年(1898)在景州出土，此说待考。

李璧墓志与其前后所立的《贾使君碑》、《张猛龙碑》的书风十分近似，故有论者认为三刻石似为一人所书之说。

此志过去曾有影印本，有的印本未印志阴字。如今印本已经很少见到，今据初拓本并附志阴再次影印，供广大书法爱好者学习和欣赏。

“京 华 名 家”王 遐 举

“对于书法，只有继承了传统方可谈发展与创新。没有继承就妄谈发展，更不会创造出好的风格个性。对传统理解愈深刻，谋求发展、创新的本钱也愈雄厚”。此乃先师、我国著名书法家王遐举先生常诫后学之语。余曾在不同场合、地点反复聆听，每觉常新而有获益。综观遐老书艺，此语也是先师一生耕耘七十余载的经验之谈。

王遐举（1909～1995），原名克元，号野农。曾任中央文史馆馆员、海峡两岸书画家联谊会会长、中国书法家协会理事、北京中山书画社副社长等职。王先生出生在湖北监利县的一个农民家庭。其父读书不多，极好写字，坐则划地习字，饭后以箸划桌。儿时的王遐举深受父亲影响，着迷了写字、画画。九岁那年，学校放春节假，乡人请写春联，先生为父代笔，他的字竟与父亲一样，因而名传乡里。少年王遐举天资聪颖好学，虽无名师、又薄家学，他顽强地走出了一条勤勉自学之路。青年时期的他，伏案油灯下，遨游书海中。于历史、文学、诗词、戏曲等广泛涉猎。先生习书自颜真卿入，转而习魏碑。对《张猛龙碑》、《张玄墓志》、《李璧墓志》用功最勤。临汉碑颇喜《礼器碑》、《张迁碑》兼或《华山碑》、《石门颂》。王先生曾对《礼器碑》碑阴、碑侧临习过几百遍，为成为隶书大家打下了雄厚的基础。

四十年代，王先生曾在南方几省举办个人书画展，多家报刊专题介绍，影响颇为广泛，结交了不少名流。全国解放后，遐老“担担入京”，经徐悲鸿等介绍，进文化部所属中国戏曲研究院工作直至“文革”。其间，遐老除进行书画创作外，对中国戏曲发展、剧场发展进行了长期深入的研究。著有《中国剧场发展史》，不料被江青等视为“毒草”，遂淹于世。“文革”中先生被下放改造，同与画界诸名家画灯笼、火柴盒图样，倍受凌辱、煎熬。“文革”后期，到恢复开放的香山植物园专事书写，后转中国美术馆任研究员，专司书事。

七十年代，特别是党的十一届三中全会以后，改革开放，文艺复兴，遐老的书法创作高峰也随之到来。遐老多以隶书、行草行世，受到海内外专家学者及社会的广泛关注，人们争相收藏，于是遐老名声大振。被誉为"书画八仙"、"京都名笔"之一。时遐老已是古稀之年，正可谓之"大器者晚成"。党中央、国务院也给予遐老很高的荣誉，1982年中共中央邀请他与启功为退下来的老一辈革命家作书，遐老以隶书四条屏书"给蔡畅同志的致敬信。"1983年全国人大常委会又邀他以隶书六条屏书写"复叶剑英委员长的信"。遐老多次受到中央领导人的亲切接见和慰问。

古人云："心正则笔正"。书为心画，书法是高品味的艺术，真正的书法家应具备很高的道德修养。以书厚德，以德养书，相辅相成，遐老常书"与德为邻"以送人。遐老在书法界是德高望众、有口皆碑的德艺双馨的书法大家，堪称一代楷模。1988年正值遐老八十寿辰，由中国美术馆、中央文史馆、中国书协、北京中山书画社等单位为他举办的个人书画展在中国美术馆展出。人们被那一幅幅苍莽沉雄、飘逸洒脱、纵敛自如、融古通今的铁画银勾所震撼，展览会观者如云。时任中国 书法家协会主席的启功先生在展览开幕式上激动地讲到："我郑重地向大家举荐王遐举先生，王先生比我年长5岁，但论及书艺，修养和学问，王先生是我的老师……王先生无愧为我国书法界德高、艺高的师长。"

观其德。遐老一生历经坎坷、坚韧不拔、不堕青云之志；淡于名利，从不做逐名争利的苟且之事；善以待人，从不论及他人所为；有遇于己有害者或嫉贤妒能者，遐老都泰然处之、缄默以待，宽容、包容、以平和的气宇德威撼人、感人。遐老治学严谨、学富五车，唯性不健谈。但凡对古今中外、历史、政治、文艺、诗词之议，不语则已，语则每言中的。展示了他那渊博的知识、敏锐的洞察力和胸怀世界的博大。遐老晚年步入"仙境"的超人气质，深受世人敬仰。不愧为一代文人的贤师、典范。

论其艺。遐老隶书结体稳重。粗而不犷、放而不野、厚而不滞，散逸中寓工整，奇险中寓安闲，放射中融会古今的气概。行草书以颜王为本，凝重含飘逸、刚劲寓潇洒，结字如行云流水，秀雅清劲，奇正相生，极尽汉、魏碑之神韵。汉蔡邕云：为书之体，须入其形，若坐若行，若飞若动，若往若来，若卧若起，若愁若喜……纵横有可象者，方谓之书矣。……九势，得之虽无师授，亦能妙合古人，须翰墨功多，即造妙境耳。"遐老的书作切得九势之要，纵横可象，妙合古人。先生虽无师传，赖以翰墨功多耳，绍于古人、造妙佳境。遐老书名之大遂掩其诗、画。遐老的山水、花鸟画作，深得明、清韵致，惜留存不多，更弥足可珍。遐老晚年的诗词，气宇宏昂。他歌颂祖国大好山河以抒情怀："四十年前岳麓行，当年曾此寄闲身。而今重饮长沙水，两岸繁荣一派新"（重游岳麓）。"缥缈烟台云水间，中华尽有好河山。从今不再求仙境，我自蓬莱顶上还"（自蓬莱归路）。他赞书法艺术遇盛世而繁荣，鼓励后学继承传统不断创新："龙年文彩耀天章，汉瓦秦砖有吉羊。书派八方流不断，一时汹涌江湖湘"（长沙龙年国际书法赛）。评点历史、颂扬伟人，要人们珍惜历史经验："勇气降龙虎，丹心贯日月。民族有英雄，失地还祖国"（纪念郑成功）。"革命浪潮七十载，悠悠岁月。风云壮，武昌首义，多少豪杰。川汉路中群众胆，黄花岗上英雄血。看长江，滚滚涌洪涛，王朝灭。天下事，也难说，专制体，剩余孽。有洪宪闪现，张勋短折。万劫历来人洗炼，三山拔去天清澈。数从头，辛亥是前驱，怀先烈"（满江红一阕纪念辛亥革命七十周年而作）。

遐老离我们而去骤然已六载。遐老的书法依然在北京街头、泰山庙宇、黄鹤楼上……显示着他人格和书风的魅力。古人云：华之外冠者博浮誉于一时，质之中藏者得赏之于千古。王遐举先生的书法艺术余以为是质之中藏者，且留后人再作评述。近日遐老家乡湖北监利，为王氏兴建“泛鹅碑廊”，专门存刻王遐老及昆弟王秩猛（台湾书法家）书法作品以示世人；彰其监利籍二王书艺直追前贤的成就，亦是启迪后人的精神丰碑。

孙宝麟

公元 2001 年元月

王遐举先生遗作

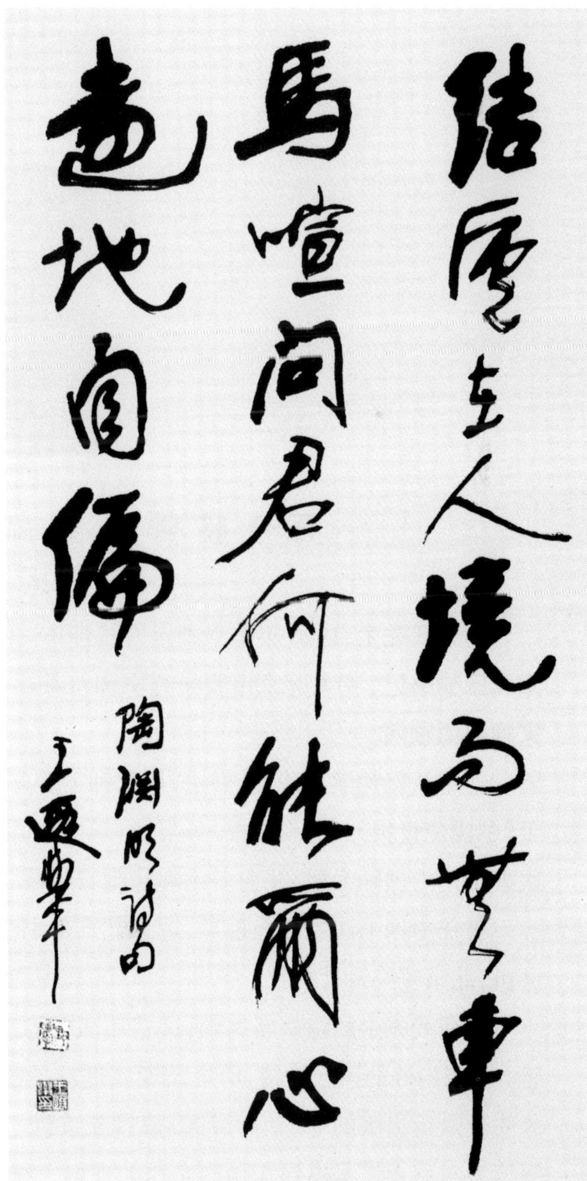

而今盛赞心灵美　端赖春风化雨多

——介绍盛绳武的《无是斋诗选》

盛绳武先生，1926年生于湖南省长沙市。北京大学法律系毕业。曾任北京市崇文区区长、中共崇文区委书记、中共北京市委研究室和首都社会经济发展研究所特约研究员、北京市人民政府专家顾问团顾问。

幼年从塾师学习诗词、书法，从此种下爱好诗词、书法的种子。八十年代以来，其诗词作品刊载于《中国建设报》、《北京日报》等报章和《中华诗词》、《北京诗苑》等刊物计达百数十首。书法作品多次参加国内国际大展，并为多家碑林刻石收藏。

曾任中国书法家协会理事，现为北京市书法家协会顾问，崇文书画研究会会长；中华诗词学会会员，北京嘤鸣诗社社长。

盛绳武先生的诗清新隽永，这些用激情写出的诗篇，洋溢着作者热爱祖国，热爱人民的深厚情感。对国内外的风土人情、历史及现实进行了独特的抒写，使读者有全新的感受和启示。现从盛绳武先生最近出版的《无是斋诗选》摘抄几首以飨读者，并附录刘征先生为该诗集所写的序言，以加深读者对诗人艺术思想和创作实践的理解。我们同时也企盼诗人将有更多的诗作问世。

《无是斋诗选》· 序

刘　征

盛绳武同志和我曾同学于北大，但在校期间不曾相识。走上社会，他从政，为首都一区之首，我从教，为编教科书之匠，又无缘谋面。直到1992年，我们都两鬓苍苍才得把晤。人生不相见，动若参与商，恨相见之缘悭，又喜终于有缘相会也。

那是一个雪天，应邀赴龙潭公园赏梅。盛君以东道主身份欢迎来客。来客中有中石兄，他与盛君已是老友。在冷艳幽香、湖冰柳雪的仙境会见未曾相识的老友，已是难得，何况我这老同学久居官位而无官气，是个又倜傥又谦恭的佳士。应是故人而非故人，一见即成故人了。

意气相投且居家很近，十年来时共清游，与中石见等友或泛舟于平湖，或晤言于书斋，或赏花于名园，或解馋于餐馆，谈诗论文，品书说画，而不及俗务，以此相知益深。开始，只知盛君工书法，写一笔雅健清新的行草，而他自己深自谦抑，若不能书者。后来，又得吟赏其诗，爱不释手。而他自己又深自谦抑，每言求教。我虽有诗癖，却只是任笔之所之胡乱写一些。我所谓是，是吾所是，未必是公论，也未必有益于人。但为老友所感，不免有时硬着头皮充一下“醉雷公”。我有新作也抄给盛君，请他指点。我们是诗文之友，文字之交，有笔墨之芬芳，无市井的铜气。

这些年来，老干部退居林下，推敲起诗律来的不少。许多是以诗为安度晚年、娱老养生之具。这种“官人之诗”，也算是发挥了诗的一种有益的功能，是不必计其工拙的。盛君之诗却并非属于这一类。他深谙格律，能游刃于法度之中，平易自然而不失丰厚清远。登山临水，时有神来之妙笔；抒写人生，时有灵醒之感悟；论时评史，时有痛切之陈词；朋友赠答，时有至情之流露。盛君之诗，诗人之诗也。

盛君写诗，有几个条件。第一，盛君不是埋头书案，离群索居的人，他从政多年，又亲历十年坎坷，借一句古话，可谓“险阻艰难尽尝之矣，民之情伪备知之矣”。这形成了他的诗有较高的识度。第二，他离休之后，没有被柴米油盐、花鸟虫鱼淹没，而是云游四海，高山大川，多所登临，名都古邑，多所历览，这增加了他诗的时代气息。第三，他自幼爱好吟咏，有较厚的功底，又虚怀若谷，善于吸取，一路写来，总在进步之中。他说自己写诗是“半路出家”，却也是“半路得道”。

九八年春，盛君将所著诗词三百多首结集为《无是斋诗选》付梓，命序于余。而且以四绝句相促，有曰：“刘公幸勿迟斤斧”。我欣然命笔。时值暮春，繁花渐歇，新绿成阴，坐二十层高楼寓舍的南窗下，面对满天似凝似泄的雨云，悠然遐想。有诗神为伴，人是不会老的。

1998年5月

崇文书画研究会成立志喜

（一）

老少同堂忘却年，
亦书亦画喜争妍。
不期雅集传神品，
一样风流胜管弦。

（二）

物质精神两手抓，
欲寻民意看眉梢。
无妨即兴图花草，
重振中华助鼓铙。

（三）

万里神州晓雾开，
喜看“四化”去疑猜。
方期秉笔求新意，
电火钢花入画来。

（四）

笔走龙蛇至矣哉，
绝知此事要真才。
愚顽如我君当笔，
南郭先生去复回。

1983年4月10日

游维坊十笏园

潍坊十笏园，
板桥遗墨在。
今朝得睹之，
莫此之为快。
先生令潍邑，
政绩莫为先。
百计苏民困，
年荒人得全。
先生擅丹青，
于画偏爱竹。
竹成秉灵性，
诸家意莫属。
先生亦工书，
独自成一格。
后世多效颦，
千人无一得。
先生之为文，
立意每不凡。
初闻似乖僻，
细味有馀甘。
名园既流连，
行迹已昭然。
先生盖反俗，
此之为“怪”焉。
主人赠拓本，
始望所不及。
三揖而受之，
为我富行笈。

1987年10月

书画展览成功喜赋

神州书画笔生花，
笔走龙蛇点不加。
刚寓婀娜捐俗态，
狂催飘逸逐流霞。
诗人有句惊同席，
艺术无言入万家。
况是星洲重儒雅，
赏心凝睇绝喧哗。

1990年3月

偶　成

善养浩然气，
沉浮不动心。
狂飙宜解暑，
骤雨胜调琴。
老至官应罢，
诗成意转深。
沧浪水清浊，
差可托微吟。

1990年夏

临池有感

耳顺年过卸仔肩，
馀生岂敢望时贤。
但期书共人俱老，
无是斋中不问禅。[1]

1990 年

〔1〕 为附庸风雅，名吾居室曰“无是斋”，盖“天下本无是斋”或此斋“一无是处”之谓也。

参观青云谱八大山人纪念馆[1]

无力回天日，
青云退隐时。
性崇儒释道，
志在画书诗。
落笔来神助，
抒怀只自知。
宗师开一代，
哭笑两由之。[2]

1991 年 6 月 7 日

〔1〕 位于南昌市青云谱区，原青云谱道院，曾为朱耷(八大山人)住所。
〔2〕 朱耷作画，常以草书署“八大山人”，酷似“哭之”或“笑之”。

咏庐山

匡庐毕竟多佳境，
峡谷幽深响叠泉。
五老峰前云出岫，
含鄱口外势吞川。
晚霞烂缦苏峦嶂，
旭日飞红染地天。
太白香炉诗唱后，
山中处处有名篇。

1991 年 6 月 16 日

游明江观赏花山崖画[1]

江游五十里，
谈笑到花山。
新竹初生叶，
鲜花试作坛。
临流伸绝壁，
崖画展朱颜。
梦幻传千古，
今朝属意看。

1993 年 11 月 5 日

〔1〕 据专家考证，崖画为当地少数民族先民所作，年代久远。但何以能画于悬崖绝壁之上，且至今颜色鲜艳，则仍为千古不解之迷。

观　海

临风怀宋玉，
大异楚王情。
欲寡心常足，
涛生海不平。
治书难日进，
戏水顺潮行。
悟得穷通理，
飘然举步轻。

1995 年 7 月 17 日

薛夫彬 曾署孚彬。别署若斋，漏斋，有为斋，修远堂主等。1944 年 8 月生于北京东郊西会村一回族家庭。曾因居无定所，名斋号为“半生无属斋”。又因屋漏雨，尝仰观粉壁淋漓以为老天点化用笔之妙，故又名“漏痕书屋”。现因楼居，每日登攀遂名“陟斋”、“陟庐”，寓努力进取之意也。

幼从外祖华幼卿先生开蒙习字，中学时代随谢一飞先生习画治印。及长，师从欧阳中石先生，渐知人文艺理。平生所好之笔墨事，未曾稍惰。书虽小技，视若人生，真诚始终，不敢怠懈。于篆隶真草，碑帖墨迹，悉数研习，且尚能把悟。诗文典籍，杂史书论，多有涉猎，而每获心得。纵观古贤业绩，深信欧阳师所谓“学问修养乃书内功夫，非字外余事”之论，自当孜孜以求，努力终生。

文革前，人在通州，因工作需要，写画描刻无所不学。其间曾为通县文化馆创办书法培训班，并参与筹办各类展览。为文革后调入北京市劳动人民文化宫，从事美术宣传工作打下较好基础。现在北京教育学院美术系任教，忝列副教授职称。八十年代以来，曾主持北京市书法系列讲座及展览交流活动。其间得与京华诸位前辈名家交游并承教诲，受益匪浅。1983 年北京书协成立，当选首届理事，同年被聘为全国中青年书法篆刻展评审委员，至今凡五届。1991 年被聘为全国书法篆刻展评审委员。其间作为北京代表参加了全国第九届文代会。曾随中国书法代表团出访日本。率北京书法代表团赴日本、韩国、新加坡进行学术交流。并任中央电视台电视书法大奖赛评委、书法讲座主讲、赛克勒杯国际书法大赛评委、中国书画大奖赛评委等。1997 年连续当选北京书协副主席，同年任北京市政协委员。

作品曾入选国内外各类重要书展，并被收入多种专集。

张有清 1942年生于北京。现为中国书法家协会理事、中国书法家协会书法培训中心教授、中国书法家协会刻字艺术研究会委员和北京书法家协会副主席。

张有清先生自幼喜习书画，曾受教于画坛巨匠于非厂先生攻工笔画，后习书法，以隶书、魏碑见长，尤擅简牍书法。其间攻研"张迁"、"西狭"、"鲜于璜"、"华山"、"史晨"、"礼器"、"乙瑛"、"石门颂"诸汉代名碑及清代隶书大师墨迹及近年出土的西北诸汉简、马王堆帛书、银雀山汉简等简牍书法。得其率意天真、奔放飘逸的韵味。在专攻"简牍书法"的同时又广览博涉唐楷和魏碑，在造像记、摩崖、碑碣、墓志上撷取端庄匀称、沉静雄强的精髓。

张有清先生的书法作品曾入选1978年《天安门诗抄》书法展、世界和平年书法展，并先后入选全国第三、四届书法篆刻展，全国中青年第1、2、3、4届书法篆刻展，全国第1、2、3届刻字艺术展，多次参加中日、中新、中韩等国际书法展以及港、澳、台等地区的书法联展，并多次获奖。1974年后多次参加国际书法交流，赴日本、韩国、美国等举办书法交流联展及从事讲学活动。

张有清先生在临池中，注重简牍书法理论研究，以其指导实践和推广普及简牍书法艺术。著有《简牍书法基础入门》、《隶书佳联选萃》、《汉武威简书三种解析》，在《中国书法大讲座》中主讲和录制了《隶书技法》、《魏碑技法》教学录像带和光盘。主编《中南海古迹楹联名家联墨》，参与编写了大型工具书《书法字海》，书写了珍藏竹简版《孙子兵法》，由国家图书馆出版社出版。

张有清先生1975年5月创建北京市机械工业职工书法篆刻小组，1982年加入中国书法家协会，1983年后当选北京市书法家协会理事、常务理事、创作展览部部长，曾任第1、2、3、4届中国书法篆刻电视书法大赛评委，第三、四届国际文化交流"赛克勒杯"中国书法竞赛组委会副秘书长、评审委员会委员。

谷　溪　1946年生于北京，祖籍山东威海。现为中国美术出版总社副编审，中国书法家协会理事，中国文联书画艺术中心理事，北京市书法家协会副主席、评审委员会主任。

自幼喜金石书画，曾从李苦禅、秦仲文二位先生学画，书法由溥雪斋先生启蒙，后又受业于郭风惠、郑诵先二位先生。篆刻宗法古代玺印并私淑近代名家陈师曾先生。又自学书画理论、古文字学、古典文学和书画鉴定等知识。

书画作品多次参加国内外展览，书法作品入选全国第二、三、四届书法篆刻展，第一届中青年书法篆刻展。书法作品还在日本、韩国、新加坡、台湾、香港、澳门等国家和地区展出。曾出访日本参加交流和讲学活动。书画作品还被国家图书馆、陕西省博物馆、陕西秦兵马俑博物馆、中南海、澳门贾梅士博物院、日本成田寺书道博物馆等单位收藏。

曾参与了中国书法家协会主办的《中国书法》杂志的创刊和编辑工作。在人民美术出版社工作期间参加了国家重点图书《中国美术全集》的编辑工作，责编有书法篆刻编一、二、三卷，该书曾获国家图书奖的荣誉奖。还担任由启功先生主编的《大学书法教材》的编委，并参加了其中《书法概论》、《书法概论参考资料》、《汉字书法通解·篆隶》三书的编写工作。还主编了由日本同朋舍出版的《中国石刻大观》。

著作有《汉碑及其写法》、《治印艺术》、《中国书法艺术·先秦卷》等。发表的主要论文有《陈师曾的篆刻艺术》、《唐代隶书述略》等。还参加了《中国大百科全书·美术卷》、《中国书画鉴赏辞典》、《国宝大观》等辞书条目的撰写工作。

曾多次任“中国书法篆刻电视大奖赛”、“赛克勒杯国际书法大赛”等赛事的评委。

张书范 1942年4月生于吉林市，祖籍河北深州市。一九六五年毕业于北京市工艺美术学校染织专业，并从师于著名书画家郭风惠先生。一九八七年进修于北京师范学院书法艺术专业。

自少学书从元赵孟頫帖入手，其后曾临习唐颜、柳，宋米、黄，唐人写经，汉隶、北魏各碑帖，之后对清人何绍基、邓石如、赵之谦、康有为等书帖颇感兴趣。自一九七九年开始至今，专习晚清集碑之大成者张裕钊的书法。一九八二年起，便以张派书风活跃于书坛。

作品曾多次参加国内外各级书法展览，并被多种艺术辞典收录。

自一九八六年至一九九九年间，先后在日本、韩国、马来西亚及台湾、北京、烟台、青岛举办个人书法展。

一九八九年，中央电视台主办书法技法讲座，主讲《魏碑技法》、《柳体技法》，并编写出版了教材。

自一九八九年至一九九五年，先后编写《柳体技法》、《魏碑技法》、《晚清张裕钊书字帖》等。

自一九八二年至一九八九年先后参加国内、外各种书法评比中获奖。

现任中国书法家协会理事、北京市书法家协会副主席、海淀区书法家协会常务副主席、政协北京市海淀区委员会书画联谊会副会长兼秘书长、北京市海淀区书画院副院长。

孟令芳　字仲达，河北新城人。1944 年 12 月出生，1964 年大学专科毕业，现为中国书法家协会第四届理事会理事。北京市书法家协会秘书长，北京市文学艺术界联合会理事等职。

自幼学习书法，长期坚持自学，以碑帖为师，致力于各家名帖，尤爱孙过庭、王羲之、米芾、黄山谷、文征明等诸家，博采众长，技艺日进，善书行草，书作结体严谨，用笔劲健，气韵流畅，自成风貌。多年来参加国内外书法大展多次获奖。其作品被收入多种书法集，部分作品被国内外美术馆、纪念馆收藏。

在书法创作中主张师古不泥古，在继承传统中有所创新，在创新中体现书法功底，在继承与发展中体现个性风格。

在北京书协主持日常工作期间，虚心好学，勤奋工作，不计名利，热心服务，积极协调各部门工作。曾组织参与《北京书法艺术年鉴》的编辑出版工作，并任《北京书法报》副总编。为北京书法事业的繁荣发展做出了自己的贡献。

沉痛悼念秦公先生

谷　溪

这几年来的5月，都是秦公最忙碌的时候，翰海的夏季拍卖会在即，听说他正忙于编写拍卖的图录。为了商量《北京篆刻家名鉴》出版一事，5月9日中午我与他通了电话，约好第二天去他那里面谈。5月10日下午2时，我来到了北京市文物公司的会议室，我们每次见面，秦公总是在那里相候。会议室里挤满人，却唯独不见秦公的身影，我正在诧异时，文物公司一位相识的女士走到我面前，告诉我秦公上午突然病逝的消息。世事虽然本来是不可测的，但是无情的现实毕竟使人难以置信。我惘然若失，竟说不出一句话，也记不起来当时是如何走出秦公忘我工作，直至他瞑目的地方。近日来，我一直沉浸在悲哀之中，往事历历在目，恍如昨日。

70年代末，在琉璃厂的庆云堂（文物商店专门出售碑帖的门市部），我经常看到有一位年轻人，听说他名叫秦公，对碑帖鉴定很在行。看他对待顾客十分诚挚热情，就知道他是一个很敬业的人。记得我买《姚伯多造像》时，他拿出来三四种拓本供我选择。多少年之后，我向他提起这件事时，他只是笑着说："你算是买值了。"因为当时这册造像才标价几元钱。

我有缘结识秦公并成为好朋友，已是80年代初期了。《中国书法》杂志创刊时，我和秦公都参与其事，见面的机会逐渐多了起来，也就加深了对他的了解。他对金石碑帖的研究致力之勤，造诣之深，给我留下了深刻的印象。有一次我和秦公去绍兴出席"王羲之撰写《兰亭集序》1630周年的纪念会"，开会期间的一个晚上，绍兴文物管理所邀请秦公帮助鉴定一批文物，秦公约了我和王靖宪（著名的碑帖研究专家）一同前往。我们一直干到深夜，在数量不少的字画碑帖中，鉴定拣选出一些很有价值的文物，我们发现其中有一幅鲁迅先生收藏的隋代造像拓本，绍兴文管所的同志非常满意。还有一次我和秦公出席"西安碑林创建900周年的纪念大会"，在参观碑林时，面对这些历代的丰碑巨碣，秦公如数家珍，他娓娓道来，讲述了碑的形制、刻碑与书丹、碑帖的作伪，他还指出某碑与初拓本比较，现在已残损了多少字，某碑因剜剔过多，如今已面目全非，某碑有翻刻本等等，一同参观的人无不对他渊博的学识感到由衷的敬佩。

在琉璃厂从事文物工作的人，有不少成为了文物鉴定的专家，秦公就是其中的佼佼者。他先后在庆云堂、收购部、研究室和库房工作，后来又担任领导工作，他一直在潜心研究金石碑帖，后又旁及书画、陶瓷等专业。正是由于秦公孜孜好学，又勤于著述，近年来他写出了几本在文物界颇有影响的好书，我都有幸收到他的赠书，成为最早的读者。他所著的《碑别字新编》、《广碑别字》是继赵之谦《六朝别字记》和罗振玉《碑别字》之后的力作，其规模远远超过了赵、罗。启功先生欣然为二书写了序，并期待着秦公能再辑录古代墨迹中的异体别字而成书，以此为研究文字演变和研读古籍之助。最近秦公又有一部新著，就是《秦说碑帖》，他有感于自宋代就已开始的碑帖之学，到了现在却很少有人再去理会这门学问了，因此他要把多年来研究碑帖的经验心得写成书，如他所说的那样“总有一个心愿，写一本碑帖的书，将其中的知识，通俗地介绍给国内的朋友”。秦公还以整理祖国的优秀文化遗产为己任，几年来主编了很多大型的绘画和书法的图书。80年代中期，日本出版界的同朋舍和国内的展望出版社合作出版《中国石刻大观》，我力荐秦公担任主编。我们共同努力，在很短的时间内就完成了该书的编辑工作。当时秦公已担任了领导工作，但他不辞辛若，撰写了大量的文字，又从文物公司众多的藏品中选择了珍稀之品，书出版之后，因图版精美，文字翔实，受到日本书法界的好评。我在人民美术出版社编辑《齐白石精品集》和《陈师曾精品集》时，也得到了秦公的大力鼎助，提供了很多藏品。秦公有一个夙愿，就是编一部历代碑额的图录，他约我来合作，并多次对我说碑额的艺术性很高，此书编成后将裨益于书法之学。不久前他又对我谈了编辑此书的计划，令人遗憾的是尚未着手去工作，而秦公却匆匆而去了。

多年来，秦公不遗余力地投身到抢救祖国文物的工作中，他从海内外征集到许多珍贵的艺术精品。最值得称道的是他收购了中国书法史上的烜赫名迹《碧玉版十三行》，王献之曾书曹植的名作《洛神赋》，到了唐代墨迹的头尾已佚，仅存字十三行，后被人刻在碧色的石头上，此石曾藏清宫，清代晚期流入民间。秦公发现后，以高价购回，交首都博物馆收藏，使北京又多了一件瑰宝。此后，我编辑《中国美术全集》的魏晋南北朝书法卷时，秦公建议把《碧玉版十三行》收入该卷，还把文物商店收藏的旧拓精本提供出版，我又到首都博物馆拍摄了原石的照片，使这一名迹再次展现在世人面前。翰海艺术品拍卖公司成立后，秦公和他的同事们，以更大的热情和胆识征集、竞买和拍卖了更多的艺术珍品，其中不乏国宝级的文物，如北宋张先的《十咏图》、明代沈周的《仿黄公望富春山居图》、北宋富弼等五人手札等。每当谈及此事，秦公的欣喜之情就溢于言表，看得出他是多么的自豪。有一次在北京书协开会，他谈起又新征集到《石渠宝笈》中曾著录的几件字画时，他异常兴奋，于是他就派人取来了明代陈淳的草书长卷和水仙图长卷，还有傅山、傅眉父子的草书长卷，让我们大饱眼福，先睹为快。最近秦公又用巨资竞拍了被盗走而流失海外的国宝级文物，被人们誉为“夺宝英雄”，不难想像他当时的心情该是多么的激动和难以平静。

五一节前，我和秦公又见过一次面，谈了许多事，谁知这次晤谈竞成了我们的永诀。我们谈了书协的工作，他说因为公司的任务繁忙，书协的活动参加的少了，表示很歉疚。他非常关心《北京篆刻家名鉴》和《北京书法一百年》的编辑工作，希望能尽快搞出来。他还谈到要为北京书协举办专场拍卖会和举办古代书法作品观摩会的事，他强调说：“应当让书协会员多欣赏一些优秀的传统书法艺术，从中受到启示，书法要发扬光大，既不能墨守成规，更不能数典忘祖。”可以说秦公他时时刻刻都在思考着北京书协的问题，关心着北京书法事业的发展。就是这次最后的见面，我注意到秦公的面容消瘦、憔悴，我劝他不要过于劳累，要保重身体。他感慨地说：“事情总是干不完啊！”我知道他是闲不住的人，看看他的头衔吧，国家文物鉴定委员、市劳动模范、市人大代表、市书协副主席、公司经理，可谓是很荣显了。但秦公是一个知道回报的人，他只能以忘我的献身精神，来报答祖国和人民所给予的荣誉。

我每当看到品质高尚，才华横溢的人英年早逝时，深感痛惜。但是秦公天年不永，遽而长逝，对我内心的刺激，又岂止是痛惜二字所能形容的呢！秦公是我的翰墨知己、金石之交，他现在真的走了，他留在我心中的却是一块垂诸久远的丰碑。

——2000年6月秦公逝世1月后

秦公遗像

秦公遗著《秦说碑帖》

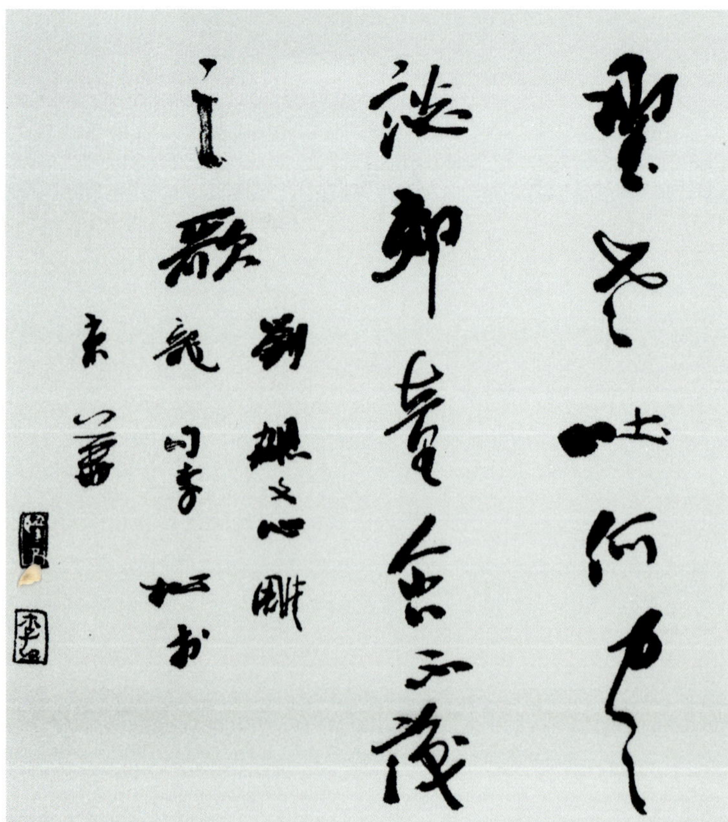

李松（木公），1950年出生于天津市。1987年毕业于北京首都师范大学书法本科，师欧阳中石先生。

作品参加全国第三、四、五、六、七、八届书法展（六届获"全国奖"）；全国第五、六、七、八届中青年书法展；全国第一、二、四届篆刻艺术展；中国二十世纪书法大展；第二届国际书法邀请展等。

著有《草书技法》、《草书基础入门》及《行书技法》录像带等。

现为中国书协会员、北京书协理事、中国书协培训中心教授、《中国书法》杂志刊授部指导教师、首都师大书法专业副教授。

张永明，号牧牛子。副研究馆员。1950 年生于河南。毕业于首都师大书法本科。师从康殷、欧阳中石先生。现为中国书协会员、中国书协硬笔书法委员会委员、北京书协理事、评委、北京书法教育学会副会长，中国书协培训中心及首都师大书法专业教授等。

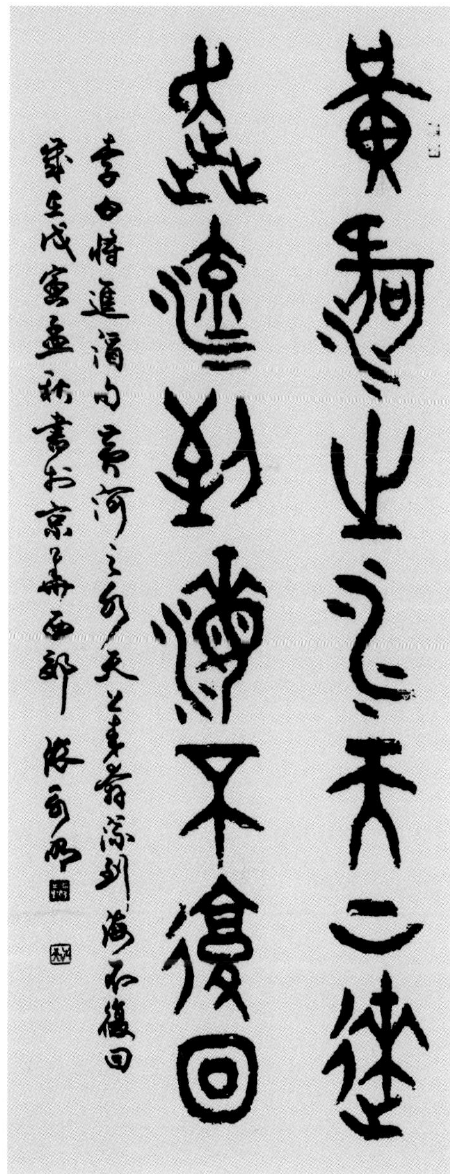

书法兼涉诸体，以大、小篆见长，其大篆以西周金文中成熟工稳一派如《大盂鼎》、《毛公鼎》、《墙盘》等为宗，取法高古典雅，字形美观，用笔朴厚沉雄；其小篆取秦篆及清邓石如、吴让之等之长，自成面目；行草书宗法“二王”，赵孟頫、文征明一路；隶书以《史晨》、《乙瑛》、《礼器》、《朝侯小子》等秀美一派取法。作品经常参加国际、全国及北京市大展、大赛，并多次获奖。作品被 20 余个国家和地区收藏，国防部外宾接待中心大厅悬挂其大篆六条屏《赤壁怀古》，为泰国读浮院书写九尺抱柱篆联。《中南海珍藏书法集》一、二卷，荣宝斋木版水印巨集《道德经百家书》、《孙子兵法百家书》等数十种大型书法集收入其作品。并为迎澳门回归的“华夏宁昌”宝鼎，迎新千年龙年的“龙腾宝鼎”和永久陈列于太庙大殿的 108 枚编钟“中华和钟”书写篆书铭文。

近十多年来，致力于书法教学与篆书，古文字学的学习与研究、著述，出版物颇丰，如《篆书与篆书笔法》、《篆书技法》，《小篆入门》、《篆书章法》、《篆书浅鉴、小篆》、《长恨歌·正气歌小篆字帖》、《张永明篆书百家姓》、《秦篆书刻石四种解析字帖》、《西周金文五种解析字帖》、《书法大世界·篆书》，《篆书创作大典》等，并担任大型书法工具书《书法字海》常务副主编。曾在中央电视台主办篆书技法讲座；出版录像带、VCD 六种。

《中国当代艺术界名人录》、《世界名人录·艺术家传》、《中国文艺家传集》、《中国当代书法家辞典》、《中国古今书法家辞典》、《中华兴国人物辞典》、《中华人才辞典》、《中国当代专家辞典》、《中华当代诗人大辞典》、《东方之子》、《中华热土》等十多种大型辞书，画报收入其传记、作品。

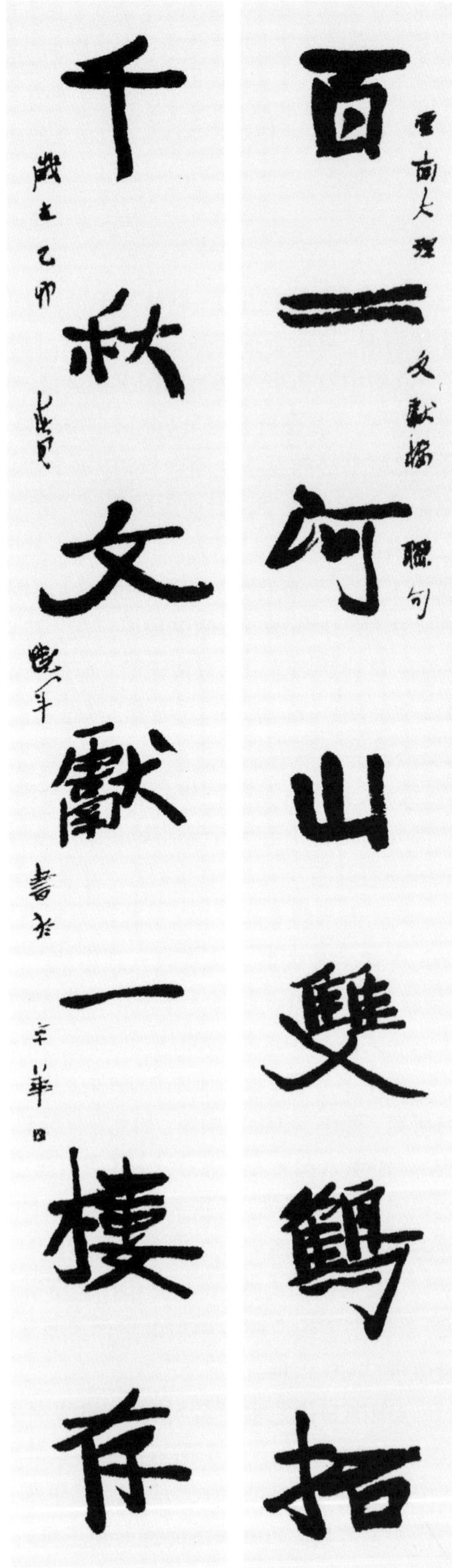

李晓军,1960 年 2 月生于北京。毕业于北京师范学院书法艺术专业、首都师范大学美术系中国画专业(本科)及首都师范大学书法研究生课程班。中国书法家协会会员,北京书法家协会理事,北京美术家协会会员,北京市西城区书法家协会副主席。

作品曾获庆祝建国三十五周年全国职工书法展一等奖、北京市书法展一等奖,全国书法“神龙杯”、“银河杯”大赛银奖,“中意杯”国际书法大赛银奖,全国第五届中青年书法家作品展优秀作品奖。作品参加第六、七届全国书法展,第五、七、八届全国中青年书法家作品展,首届国际青年书法展,国际书法邀请展,中日名家书法展,中国二十世纪书法大展,1999 中国书法年展,2000 全国书画家新作展等重要展览。作品多次赴海外展出,并获日本每日新闻社社长奖。

创意、策划并录制《中国书法艺术 · 书法篇》电视教学片,出任主讲教师,编辑出版系列教材,著有《楷书基础教程》一书。

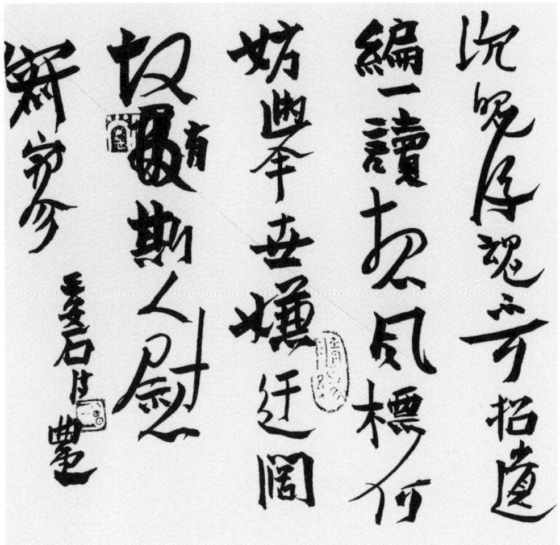

曾翔，号一夫、曲堂，男，1958 年生，汉族，湖北随州人。毕业于中国人民解放军军事学院。现为中国书协培训中心教授，中国书法家协会会员，北京书法家协会理事，北京书画艺术研究会秘书长。北京印社社员。现任职于：中华女子学院。

自幼酷爱书法、篆刻艺术，曾临习《多宝塔》、《东方画赞》、《书谱》、《十七帖》、《二爨》等名家碑帖。书作追求古朴自然意趣，在继承传统基础上吸取现代艺术养分，形成清雅古拙的书法风格。

1986 年 10 月书法作品获纪念红军长征胜利 50 周年美术、书法、摄影作品展览优秀奖

1988 年书法作品收入全国青年书法家百人作品专集。

1990 年 8 月出版曾翔书《启功论书钢笔字帖》

1992 年书法作品入选全国第四届中青年书法篆刻作品展览

1992 年篆刻作品入选全国第五届书法篆刻展览

1993 年书法作品入选全国第五届中青年书法篆刻展览

1994 年篆刻作品入选全国第三届篆刻艺术大展

1994 年 4 月编著颜真卿《多宝塔》回宫格楷书字帖

1995 年书法作品入选全国中青年书法篆刻展览

1995 年 12 月书法作品入选全国第六届书法篆刻展览

1997 年书法作品入选全国第七届中青年书法篆刻家作品展览并获一等奖

1999 年 8 月书法作品入选二十世纪书法大展

2000 年 12 月书法作品获全国第八届中青展一等奖

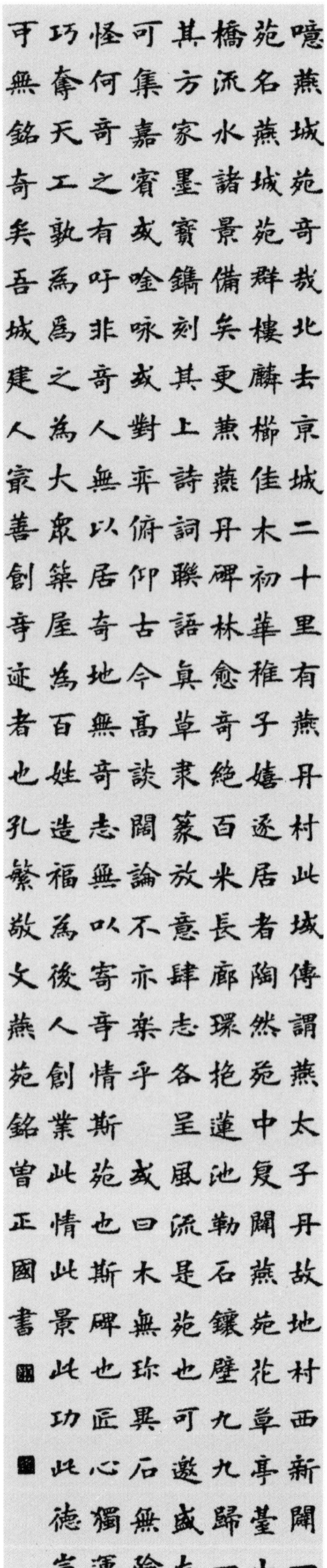

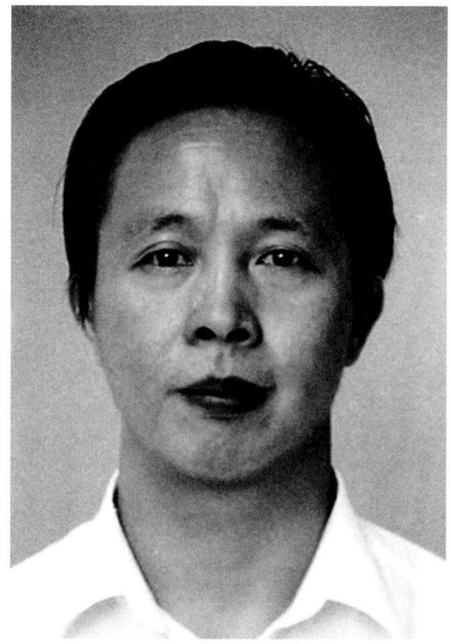

曾正国　字庆予，湖南省攸县人。1960 年 1 月出生，1978 年 12月入伍，1983 年 7 月转业。现任《中国艺术报》办公室副主任，中国书法家协会会员，北京市书法家协会青少年部副部长等职。

书法主攻楷书，兼习他体；初学隋唐，后追魏晋。崇尚古学为体、今学为用的艺术思想，坚持碑帖为源、生活为师的艺术追求。在欧体楷书的基础上揉进魏隶行草笔意，兼容并蓄，融会贯通。

近年来，屡获大奖，继 1997 年获第二届北京书协临帖展二等奖，1998 年获第一届中国书法“兰亭奖·新人奖”之后，1999 年又获北京市纪念建国 50 周年大展二等奖、北京市职工书法展一等奖，九九年度北京书协“荣誉奖”，入选第七届全国书法篆刻大展。

创作之余，也注重学术探讨和理论研究，偏好古文及诗词。艺术交流方面也做了一些有益的工作，1997 年参与编辑出版了《中韩书法家作品宝典》一书，参加台湾省健康长寿会举办的“海峡两岸名家书画展”等；1998 年参加韩国“东洋国际书艺展”，以及日本“东京 BESETO 国际书画展”等；1999 年参加台湾“甲骨文出土百年纪念展”。并同北京书法家出席韩国“第十五回国际兰亭笔会书法展”开幕式，以及“京广书法联展”广东展区开幕式等一系列国际国内书法交流活动。

其书法作品还常被各类书画典籍登载或被艺术团体收藏，传略被收入《世界艺术家大典·华人卷》等辞书名录，并被众多新闻媒体专题报道。

书 法 指 导

梁启超

今天很高兴，能够在许多同事所发起的书法研究会上，讨论这个题目。我自己写得不好，但是对于书法，很有趣味。多年以来，每天不断的，多少总要写点，尤其是病后医生教我不要用心，所以写字的时候，比从前格外多。今天这个题目，正好投我的脾味，自己乐得来讲讲。我所要讲的，大概可以分为五段。

（甲） 书法是最优美最便利的娱乐工具

凡人必定要有娱乐。在正当的工作及研究学问以外，换一换空气，找点娱乐品，精神才提得起来。假使全是义务工作，生活一定干燥、厌烦、无味。有一两样或者两三样娱乐品调剂一下，生活就有趣味多了。

娱乐的工具很多，譬如喝酒、打牌、下棋、唱歌、听戏、弹琴、绘画、吟诗，都是娱乐，各有各的好处。但是要在各种娱乐之中，选择一种最优美最便利的娱乐工具，我的意见——亦许是偏见，以为要算写字。写字有好几种优美便利处。

一 可以独乐。一人不饮酒，二人不打牌。唱歌听戏，要聚合多人，才有意思。就是下棋最少也要两个人，单有一个人，那是乐不成的。惟有写字，不管人多人少，同乐亦可，独乐亦可，最为便利，不必一定要有同伴。

二 不择时，不择地。打球必定要球场，听戏必定要戏园，而且要天气好，又要有一定时候。其他各种娱乐皆然，多少总有点限制。惟有写字，不择时候，不择地方，早上可以，晚上也可以；户内可以，户外亦可以。只需桌子、笔墨，随时随地，可以娱乐，非常的自由。

三 费钱不多。奏音乐要买钢琴，要买环珴玲，价钱都很贵，差不多的人不愿买。惟有写字，不须设备，有相当的纸墨笔就可以。墨笔最贵不过一两元钱，写得好，可以写几个月。纸更便宜，几角钱，可以买许多，无论多穷，亦玩得起。

四 费时间不多。打牌绘画，都很费时间。牌除非不打，一打起码四圈，有时打到整天整夜。作画画得好，要五日一山，十日一水。惟有写字，一两点钟可以，一二十分钟亦可以。有机会，有功夫，提笔就写，不费多少时间。

五 费精神不多。作诗固然快乐，但是很费脑力。如古人所谓“吟成五个字，拈断数根须。”非呕心沥血，不易作好。下棋亦然。古人常说，“长日惟消一局棋。”你想那是何等的费事。惟有写字，在用心不用心之间，脑筋并不劳碌。

六 成功容易而有比较。学画很难学会，成功一个画家，尤为难上加难。唱歌比较容易一点，但是进步与否，无法比较。昨日的声音，今日追不回来。惟有写字，每天几页，有成绩可见，上月可以同下月比较，十年之前可以同十年之后比较。随时进步，自然随时快乐。

七　收摄身心。每天有许多工作，或劳心，或劳力，作完以后，心力交瘁，精神游移，身体亦异常疲倦。惟有写字，在注意不注意之间，略为写几页，收摄精神，到一个静穆的境界，身心自然觉得安泰舒畅。所以要想收摄身心，写字是一个最好的法子。

依我看来，写字虽不是第一项娱乐，然不失为第一等娱乐。写的性质，是静的，不是动的。与打球唱歌不同。喜欢静的人，觉得兴味浓深。喜欢动的人，亦应当拿来调剂一下。起初虽快乐略小，往后一天天的快乐就大起来了。

以写字作为娱乐的工具，有这么许多好处，所以中国先辈，凡有高尚人格的人，大半都喜欢写字。如像曾文正、李文忠，差不多每天都写，虽当军书旁午，亦不间断。曾文正无论公务如何忙碌，每一兴到，非写不可。李文忠事事学曾，旁的赶他不上，而规定时刻，日常写字，同曾一样。这种娱乐，又优美，又便利。要我来讲，不由我不高兴。

（乙）　书法在美术上的价值

爱美是人类的天性，美术是人类文化的结晶，所以凡看一国文化的高低，可以由他的美术表现出来。美术，世界所公认的为图画、雕刻、建筑三种。中国于这三种之外，还有一种，就是写字。外国人写字，亦有好坏的区别，但是以写字作为美术看待，可以说绝对没有。因为所用工具不同，用毛笔可以讲美术，用钢笔铅笔，只能讲便利。中国写字有特别的工具，就成为特别的美术。写字比旁的美术不同，而仍可以称为美术的原因，约有四点。

一　线的美。　这种美的要素，欧美艺术家讲究得极为精细。作张椅子，也要看长短、疏密、粗细、弯直。作得好就美，作得不好就不美。线的美，在美术中为最高等，不靠旁物的陪衬，专靠本身的排列。譬如一个美人，专讲涂脂傅粉只能算第二三等脚色。要五官端正，身材匀称，才算头等脚色。假如鼻大眼小，那就是丑。五官凑在一块，亦是丑。真正的美，在骨骼的摆布，四平八稳，到处相称。在真美中线最重要。西洋美术最讲究线。

黑白相称，如电灯照出来一样。这种美术，以前不发达，近来才发达。这种美术，最能表示线的美，而且以线为主。写字就是要黑白相称。同是天地玄黄几个字，王羲之这样写，我们亦这样写，他写得好，我们写得丑。就是他的字，黑白相称，我们的字黑白不相称。向来写字的人，最主要的有一句话，“计白当黑”。写字的时候，先计算白的地方。然后把黑的笔画嵌上去。一方面从白的地方看美，一方面从黑的地方看美。

一个字的解剖，要计白当黑。一行字，一幅字，全部分的组织，亦要计白当黑。譬如方才讲的天地玄黄几个字，王羲之摆得好，我们摆得不好，但是让王羲之写天字，欧阳询写地字，颜鲁公写玄字，苏东坡写黄字，合在一起，一定不好，因为大家下笔不同，计算黑白不同，所以混合起来，就不美了。线的美，固然要字字计算，同时又要全部计算。

做椅子如此，写字如此，全屋子的摆设亦是如此。譬如这间屋子，本来是宴会厅，现在暂时作为讲演室，桌子椅子，横七竖八的凑在一起，就不美了。因为线的排列不好。真的美，一部分的线要妥贴，全部分的线亦要妥贴。如果绘画，要用很多的线，表示最高的美。字不比画，只需几笔，也就可以表示最高的美了。

二　光的美。　绘画要调颜色，红绿相间，才能算美。就是墨笔画，不用颜色，但是亦有浓淡，才能算美。写字这件事，说来奇怪，不必颜色，不必浓淡，就是墨，而且很匀称的墨，就可以表现出美来。写得好的字，墨光浮在纸上，看去很有精神。好的手笔，好的墨汁，几百年，几千年，墨光还是浮起来的。。这种美，就叫着光的美。

西洋的画，亦讲究光，很带一点神秘性。对于看画，我自己是外行，实在不容易分出好坏，但是也曾被人指点过。说某幅有光，某幅无光。我自己虽不大懂，总觉得号称有光那几幅，真是光彩动人，不过西洋画所谓有光，或者因为颜色，或者因为浓淡，那是自然的结果。中国的字，墨白两色相间，光线即能浮出，在美术界类似这样的东西恐怕很少。

三　力的美。　写字完全仗笔力。笔力的有无，断定字的好坏。而笔力的有无，一写下去，立刻可以看出来。旁的美术，可以填，可以改。如像图画，先打底稿，再画，画得不对再改。油画，尤其可以改。先画一幅人物，在上面可以改一幅山水。如像雕刻，虽亦看腕力，然亦可改，并不是一下去就不动。建筑，更可以改。建得不美，拆了再建。无论何种美术，或描或填或改，总可以设法补救。

写字，一笔下去，好就好，糟就糟，不能填，不能改。愈填愈笨，愈改愈丑。顺势而下，一气呵成，最能表现真力。有力量的飞动、遒劲、活跃。没有力量的呆板、委靡、迟钝。我们看一幅画，不易看出作者的笔力。我们看一幅字，有力无力，很容易鉴别。纵然你能模仿，亦只能模仿形式，不能模仿笔力，只能说学得像，不容易说学得一样的有力。

四　个性的表现。　美术有一种要素，就是表现个性。个性的表现，各种美术都可以。即如图画、雕刻、建筑，无不有个性存乎其中。但是表现得最亲切，最真实，莫如写字。前人曾说："言为心声，字为心画。"这两句话，的确不错。放荡的人，说话放荡，写字亦放荡。拘谨的人，说话拘谨，写字亦拘谨，一点不能做作，不能勉强。

旁的可假，字不可假。一个人有一个人的笔迹，旁人无论如何模仿不来。不必要毛笔，才可以认笔迹，就是钢笔铅笔，亦可以认笔迹。是谁写的，一看就知道，因为各人个性不同，所以写出来的字，也就不同了。美术一种要素，是在发挥个性，而发挥个性最真确的，莫如写字。如果说能够表现个性，就是最高美术，那末各种美术，以写字为最高。

写字有线的美，光的美，力的美，表现个性的美。在美术上，价值很大。或者因为我喜欢写字，有这种偏好，所以说各种美术之中，以写字为最高。旁的所没有的优点，写字有之，旁的所不能表现的，写字能表现出来。

（丙）　模仿与创造

模仿与创造，这个问题，不单在写字方面，要费讨论，就是一切美术及其他艺术的大部分，都成为一种问题。创造固然切要，但是模仿是否切要，模仿与创造有无冲突，这都是值得研究的地方。许多人排斥模仿，以为束缚天才，我反对这种说法。学为人的道理，学做学问，学所有一切艺术，模仿都是好的,不是坏的,都是有益的,不是无益的。

简单说吧,从前人所得的成绩,从模仿下手,用很短的时间,很小的精力,就可以得到。得到后,才挪出精力,做创作的工夫,这是一件很经济的事情。考古学者在地洞中,发现许多古画,画得很好。这种画,在古代为创作,假使人人如此,不凭借前人的成绩,设法改良,专靠一点天才,凿空创作,并不是不可以,不过几万年后,所作的画,恐怕还是同古代的山洞里的画差不多。那还有什么进步可言呢。

小孩子,在初小的时候,喜欢画,墙上壁上,画出些头大手短的像来,很肤浅。大画家现在流行的后期印象派的画,很真切。有天才的小孩子,只要好好模仿,亦可由肤浅进于真切。已成功的大画家,若当初不模仿,恐怕亦不会有什么进步。模仿这种性质,就是从前的文化,代代继承下来,好像祖上的遗产,代代增加上去一样。白手兴家,豪杰之士。但是白手可以发一百万。若得父兄一百万,就可以发一千万,一万万。白手兴家,固然很好,那能希望人人如此呢。

人类文化很长,慢慢地继承,增加下去。小的时候,得了许多知识,有所凭借,再往前努力活动,又可以添了许多的经验。如此一代一代的继承,一代一代的增加,全部文化的产业,可以发展进步到很大很高,所以我认为模仿是好的不是坏的,是有益的,不是无益的。无论何种事业,都是如此,作人亦然。历史上伟大的人物,又何尝没有模仿。我们所知凯撒极力学亚历山大,拿破仑又极力学凯撒。不管他学得对不对,有所模仿,成功容易。

一切事情不可看轻模仿,写字这种艺术,更应当从模仿入手,并不是说从前人的聪明才力,比我们强,我们万赶不上。乃是各人有各人的特别嗜好,因为嗜好,所以成功。譬如说,王羲之天天写字,池水皆黑,后来叫作墨池。这个话真不真,暂时不讲,至少我们可以知道,王羲之因为天才相近,又肯用功,所以写出来的字,成绩很好。我们的天才用功当然不如他。离开他去创作,未尝不可,不过他经几十年甘苦所成的字,天才又高,功夫又绝熟,总可以作模范。因为模仿他,他黑一池,我黑半池,亦定写得好。模仿可以省事,前人的产业,我们来承受,我们的产业,后人来承受。自然一天一天的进步、增加,模仿在任何艺术,都有必要,字亦不能独外。模仿有两条路。

一　专学一家,要学得像。即以写字而论,或学颜真卿,或学欧阳询,学那一家,终身学他。刚才讲拿破仑学凯撒是这样。孟子学孔子(乃所愿则学孔子也),亦是这样。此种模仿法,用力容易,定有范围,学之易像。

二　学许多家,兼包并蓄。先辈教人立身,要多读前言往行,以蓄其德,不管是谁说的,谁作的,只要是好,都拿来受用。扬雄说过:"读一千篇赋,自然会作赋。"我们可以换句话说:"学一千种碑,自然会写碑。"一千种未免太多,少点五百种,再少点五十种,学过后,自然写得好了。

两条路之中,头一条路,其优点是简切,容易下手,其弱点是妨害创作。许多人专学一家,为所束缚,把天才压下去了。第二条路,其弱点是空洞,泛滥无归,其优点是不妨害天才,可以自由创作。我个人的主张,宁肯学许多家,不肯专学一家,走第二条路,以模仿为过渡,再到创作,此为上法。于此有一件应当注意的事情,就是分期学习。模仿若干种,分为若干时间。学这种时,不知那种,学那种时,不知这种。专心专意,不可参杂,参杂则不成功。从前人教人读书,有两句话:"读易时觉得无尚书，读诗时不知有春秋。”这是表示专一的意思。不专不读，读则专一，写字亦然。模仿一种，把结构用笔，全学会后，才换第二种。依我的经验，一种碑临十遍，可知他的结构及用笔。譬如一千字的碑写到一万字，就把结构、用笔都得着了。得着后换第二种，换的时候，有一种很巧妙的方法，即择若干种相反的碑帖，交换着模仿。譬如先学用圆笔的碑一万字，回头再学用方笔的碑一万字。方笔圆笔，两种相反，一种写了一万字之后，两下合起来，那就不方不圆，成了自己的创作。无论何种艺术，此法都可应用。譬如学诗，学李杜二人，学李时如无杜，不去读杜诗，学杜时如无李，不去读李诗，方学时候，不知像否，离开以后，不李不杜，自成一派。

第二条路，固然很好。指定若干碑帖，排列次序，一种一种的学去，想出方法来调和。学过五十种，或百种以后，脱手时，自成一派。由模仿到创作，这是最妙的方法。第一条路，亦未尝不好，前人喜欢临僻碑，如像何子贞，得张黑女碑，绝对不告人，不知道的还说他是创作，其实亦有所本。这种方法可以用。学过许多种类之后，再学一个特别的，亦未尝不可。单走第二条路，恐怕泛滥无归。单走第一条路，恐怕减少创造能力。混合两法，先学许多家，最后以一家为主，这算最妥当的法子了。

模仿任何事物，初入手时，最要谨慎，起初把路子走错了，以后很难挽救。今人不如古人，不是天才差，只是习染坏。如像性本相近，习则相远。唐朝有一个弹琵琶的教师，没有学过的去学，他说三年就会。弹得好的去学，他说五年才会。弹得有名的去学，他说非十年不可。人问何故，他说没有学过而质地好的人，教得得法，成功容易。弹得好弹得有名的，最初几年的功夫，须把坏习气改过，才能学好，所以格外费时间了。无论何种艺术皆然，习字也是一样。清朝的字，比较不好，因为人人都学大卷子、白折子，很呆板，没有性灵。我年轻时候，想得翰林，也学过些时候的翰林字。到现在总不脱大卷子的气味，诸君出过洋的多，常用钢笔和铅笔，至少没有大卷子习气，学时容易得多。入手很难，所以最初就要谨慎，不可走错了路，最不应该模仿的，依我看来，约有四派。

一　赵子昂、董其昌。这一派，清初很为流行，并不是不好，只是不容易学。若从这派入手，笔力软弱、其病在妩媚圆滑，无丈夫气，中了这派的毒，很不容易改正。

二　苏东坡。这一派，喜欢用侧锋。东坡固然好，学他就不行，若从这派入手，笔锋偏倚，其病在于庸俗，至多学出一个水竹村人——徐世昌，翰林字，总统字，但是不行。

三　柳公权。这一派，乾燥枯窘，本身虽好，学之不宜，我常说柳字好像四月的腊肠，好是好吃，只是咬不动。学他的人，一点不感乐趣，学字本为娱乐，乾燥无味，还有什么意思呢。

四　李北海。这一派，向来人很赞美，称为“王龙跃，李虎卧。”唐时尤为有名。但是亦不可学，若从这派入手，其病在偏，与苏派同一流弊。东坡本学北海，但北海稍为平正厚重些。

总括起来说，模仿是必要的，由模仿可以到创造，无论单学一家，或多学几家都可以。但是最初的时候，不要走错了路。赵、董、柳、苏、李几家，最不可学，用为几十种模范中的一种，尚还可以。起初从他们入手，以后校正困难，顶好是把他们放在一边不学才对。

（丁）　碑帖之选择

写字须要模仿，上面已经说了，但是模仿应当以何种为资料呢。现在人多讲临帖，其实帖同碑不一样，帖从何来，最初的帖，为五代时南唐的澄清堂，以前无帖。北宋时帖颇盛，有淳化阁，淳熙阁，大观帖，皆皇帝所刻。有名的绛帖、潭帖，亦从皇帝的帖翻刻出来，最初只有墨迹，前代写家所留极宝贵的墨迹，藏在天府。只有一本，如何才可以流通，就是用双钩勾下来，刻在木板或石块上，然后翻印成帖。好帖很少，双钩勾出，墨迹保存。此尚不失原样，如淳化阁、澄清堂皆然。锋泽异常圆润，再勾再翻，经过两手，锋泽已走，渐失本真。真的好帖，海内能有几本。一张帖，说是某人写的，真否尚是问题，纵是真的，经过几回翻刻，已经与本来面目差得很多。从前讲临帖，实在不合算，就能得真帖，已经隔几层，何况真帖难得，即如淳化阁有十本，果属真迹，价值几万金，我们亦买不起啊。

碑同帖不一样，从前讲书丹刻石，就是请写得好的书法家，用银朱写在石头上，再请良工刻出来，所隔只有一层，走样尚小。帖纵是真，几经翻刻，失脱本来面目。碑若是真，不经翻刻，真面目尚可见，所以说临帖不如临碑。

乾隆以前，帖学很盛，中叶以后，碑学代兴。直到现在，珂罗版发明，帖学有恢复的希望。譬如商务印书馆的大观帖，一本几块钱，那就很用得了。有珂罗版以后，不会走样，临帖还可以。未有之前，要得比较近真的帖，绝非寒士所能。假如不得真帖，只有经过四、五回的翻版，从此入手，比学赵、苏、柳、李四家还糟，一点骨气都没有。

好帖难找，不如临碑，碑有六朝碑同唐碑两种。在从前帖学盛行的时候，碑学亦很讲究。唐碑中，欧、褚、颜、虞几家都很好，学的人很多，而欧阳询的九成宫及皇甫君碑，颜真卿的麻姑坛、东方画像赞，尤为普遍。不过学这种碑很危险，因为翻刻本多，买原拓本写，其价不让买帖，所以有名唐碑，亦不易找。

有名书家，固然唐多，然唐代的字很呆板，虽然他们不是以大卷子、白折子写字，但是因为要迎合唐太宗的意思，所以风格渐卑。与其学唐碑，不如学六朝碑，唐碑即由六朝碑出。唐代几个有名的书家，求他们的来历，六朝中都有，学六朝碑的好处有两种。

一　迹真字好。　碑后题名，注明某人所书，这是唐以后的风气，六朝以前没有。唐后的书家，为贵族的如欧、褚等皆是。六朝的书家，为平民的，不出主名，因此赝品很少，风格很高，好像汉古乐府。许多人不著名，然其作品，比曹子建、陶渊明的作品还好。学诗要学汉乐府，学曹、陶等的老师。唐代书家，都从六朝出，与其贪名声大，反而不得真迹，何如从六朝无名作品入手，还可以看出他们的变迁。

二　物美价廉。　唐朝名碑或者拓得坏，或者是翻版，锋芒看不出来。六朝碑，新出的不少，最近二三十年，开陇海铁路，翻动地皮，发现的碑更多，这种新出土的碑无美不备，价又低廉，最贵重的墓志铭及造像，少的三五毛，多的四五元，过十元以上的，可谓绝无仅有。拿一千块钱，买九成宫，比一块钱的新出土的墓志铭，孰好孰坏，尚是问题，就是一样，而价值已差多了。

学碑应从六朝碑入手。拿一百块钱，到琉璃厂可买一二百种六朝碑，有的亦许比欧阳询、颜真卿还好。新出土的碑不著名，少花钱，真迹多，锋芒在。淳化阁、九成宫一类东西，又著名，又多花钱，翻版多，锋芒失。所以我主张临六朝新出土的碑。近来有珂罗版，很方便。临帖亦还可以，没有珂罗版以前，真不要打此种主意。

六朝碑很多，连造像带墓志及碑，总在二千种以上。单是龙门造像，就有一千多种，在这许多之中，可以挑出几种，看何者为最好，各人主观不同，标准自不一样。依我看来，龙门二十种很好，很便宜，不过二三元钱，其中如魏灵藏、孙秋生、始平公、杨大眼、广川王太妃、北海王祥、法生都可以学。各墓志中如元显、元钦、元固、元倪、石夫人，元诠、元演、元飏、常季繁、冠臻、寇凭、李超、孙辽、韩显宗、刁遵、崔敬邕、郑道忠、贾瑾都可以学，都很好。古碑中，如张猛龙、郑文公、贾思伯、根法师、萧瑒、龙藏寺、苏孝慈，亦都很好，都可以学。我所认为最好的造象、墓志及碑，大概如此。但是应从那一种下手呢？前面所讲赵、柳、苏、李四派不可学，乃是消极方面的。至于积极方面，各人主观不同。我的意思仍从方正严整入手为是，无论做人作事，都要砥砺廉隅，很规律，很稳当，竖起脊梁，显出骨鲠才好，假如像球一样，圆圆滑滑四面乱滚，那就可怕，而且站不往。所以作诗，我反对学白香山、陆放翁，并不是白陆不好，是不可学。学他们成为打油诗，太容易，无价值，应先从难处下手才是。再如做人，孔子三十而立，四十而不惑，七十而从心所欲不逾矩。不逾矩，算很好了，但要经三十、四十以至七十，费了许多年“立”和“不惑”的工夫，才能办到这个样子，这种办法，很有价值。若先从容易的下手，作事如圆球，做人为滑头，学诗为打油，那真不可救药了。

学字，最好造像中从魏灵藏、始平公、杨大眼入手，笨极，呆极，但是很稠密，全身的力，都在上面，打得紧，不漂滑，非从这类入手，容易流於浮靡。碑中从根法师、张猛龙入手，用笔很重，锋芒很显，容易学得像。学得好。墓志铭中各种都有。要随时参用，我认为最适当。这是几种，都很稳重规律。

唐碑同六朝碑的比较，就是前者规矩整齐，后者无一定的规则。要想笔力遒劲，学六朝碑亦可。要想规矩整齐，学唐碑亦可。唐碑中以欧阳询、虞世南、褚遂良、李北海、颜鲁公、柳公权，这几家最为著名。李、柳两家不可学，褚轻松，虞圆润，但佳拓难得。诸名家中，还是欧、颜两家，有蹊径可寻，容易模仿。欧、颜皆极方严，学后无流弊，欧的九成宫、皇甫君，颜的麻姑坛、画像赞，因有珂罗版，尚不甚贵，其余各家，珂罗版影印的亦很多。

学唐代的大写家，又不如学第二流，譬如小欧，完全学他的父亲，因为才力不如，格加谨严挺拔，比大欧还容易，没有什么毛病。小欧的道因法师碑、泉男生墓志很好，由他入手，再学大欧，就不难了。

总括起来说，临帖不如临碑，临唐碑又不如临六朝碑，如学唐碑，柳太乾，李太偏，虞、褚少蹊径，惟颜、欧两家易学。颜于厚重方严之中，带有风华，而小欧比大欧更挺拔。至於帖，没有珂罗版前，切不可学。影印术发明后亦还可以，选择碑帖，大概如此。将来哪位有兴致，可以指定若干种来，我们大家批评。

（戊） 用笔要诀

一面要有好碑帖作模范，一面要有简单的用笔规则，好去遵循，写字才容易好。从前的笔法歌诀、艺舟双楫一类的东西，很麻烦，有许多不容易作到。我现在用很简单的话，将几种很普通的原理归纳起来，说明如下。

A. 执笔

一　指密　指头逼紧，大指中指执笔，其余的帮忙，指头的间隔，不可太疏，疏则无力。

二　拳空　拳非空不可。从前的人,讲究要可以握一个蛋,假使一把捉死,一定转运不灵。

三　腕活　真讲写字,腕要悬空,写小字如此,未免太苦,然亦不可贴死在桌子上,离开一点,运用才可敏活。

四　笔正　腕一活,笔正就容易,执笔是手指,用笔还是手腕。笔头要端正,假使两面摆,一定无气力。用指力小,用腕力大。

五　锋齐　会写字的人,讲究"万毫齐着"。把笔毛打开一半,让笔锋的力量都到纸上,不让一毫落空,自然中正饱满了。

B.　**运笔**

一　画平　一笔写去,两端一般平,看时容易,做时困难。许多写家,用一生的功夫,都没有做到线的美,所以表示不圆满,就是这个原故。

二　竖直　这条同前条一样,不易做到,诚然苏东坡、李北海、张猛龙都是偏的,没有一笔平直,但他们有方法补救。上面不平,下面稍低,中间不竖,两侧稍斜,全部看来,还是平直的,他们会补救,保持线的美,我们不会,就学糟了。

三　中满　一笔过去,中间不要蜂腰,气力始能到底,这是一个原则。褚字是例外,中间小、头尾粗,虽量分寸,似乎不满,但笔力还是满的,此类字不可学,要学平正通达的字,横直一般粗细,尖的地方,亦得慢慢尖去。

四　转遒　转弯的时候,要遒劲有力,圆则如半环,方则如刀切,最忌讳有胒肛,有便难看。转遒与中满同一原则,万一力不到,点几点。那就异常之糟,这个病最易犯。

五　锋回　出锋的地方,一点一撇最要注意,力量须灌到,一躲懒带过去,那便糟了,初学时一笔到头,回锋勒住,左行的锋往右勒,下行的锋往上勒,写熟后,不必回锋,亦有含蓄。

执笔运笔的方法,前人讲得很多,此处不能多讲,单讲这十条,只要一一做到,那亦就很够了,还要说几句,关于用好笔,好砚的话,这也是讲书法不可不注意的事情。

我用笔很讲究,每支一元或二元三元不等,看来费钱,其实省钱,比诸同事还省。我用一管好羊毫,写一万字,正是照样,笔在我手里,几乎不会烂,一定要写到"秃中书,不中书",这才束之高阁。我用笔不让一根毛脱,写时只开一半,干后温水润之,自然不易坏了。

用笔最忌按。顶好不用墨盒,拿笔到墨盒中打滚,墨干了,挤出来,笔安得不坏。我常用砚慢慢的磨,磨得很匀很细,写在纸上,自然好看,而且蘸墨时不亏笔,新墨有光,旧墨无光。我从来不用隔天的墨,写完后,用水将砚洗净,再写时再磨。

用笔用狼毫易碎,不如羊毫经久。我的经验,一支羊毫可以抵三支狼毫,无论什么笔,坏在脱毛。一根断,全体跟着断。会写字的人,只有写秃笔,没有写坏笔。假使用一块钱以上的羊毫,又用砚,可以写得舒服而且省钱。

初学临帖最好用九宫格,可以规定线的美。粗细、疏密、高低、长短、只须差一点,结果就不同了。临块碑十次,三次用九宫格,七次放开手写,一定能写得规律严正。

还有一种叫摹帖,摹与临不同,临是看着写,摹是盖在上面写,摹得用笔,临得结构,两者都可并用。现在帖便易，不怕摹浸，主要的碑帖，临十回，摹一回就可以了。

今天讲得简陋得很，但是因为用功写字，其中颇多甘苦之言，特别向诸君贡献，至于我所藏的碑帖，多在天津家里没带来，以后有机会，还可以同诸君切实的观摹研究。

（录自梁启超著《饮冰室全集》一〇二卷）

中 国 书 法

林语堂

一切艺术的问题都是韵律问题。所以，要弄懂中国的艺术，我们必须从中国人的韵律和艺术灵感的来源谈起。我们承认韵律是普遍存在的，并非中国人的专利，但这并不妨碍我们去探索一个不同的侧重点。在讨论理想的中国妇女时，笔者已经指出，西方艺术总是到女性人体那里寻求最理想、最完美的韵律，把女性当作灵感的来源。而中国的艺术家和艺术爱好者则通常满足于高兴地赏玩一只蜻蜓、一只青蛙、一只蚱蜢或一块嶙峋的怪石。由此看来，西方艺术的精神较为耽于声色，较为热情，较为充满艺术家的自我；而中国艺术的精神则较为高雅，较为含蓄，较为和谐于自然。我们可以借用尼采的话来说明它们的不同，中国的艺术是太阳神的艺术，而西方艺术是酒神的艺术。这一巨大差别只有对韵律不同的理解与欣赏才能使之形成。无论在哪个国度，艺术问题总是韵律问题，这一点毫无疑问。但直到晚近，韵律才在西方艺术中起到决定性的作用。而在中国，韵律一直占有举足轻重的地位——这一点也是毫无疑问的。

很奇怪，这种对韵律理想的崇拜首先是在中国书法艺术中发展起来的。一幅寥寥几笔画出的顽石图，挂在墙上，供人日夜观赏。人们面对它沉思冥想，并得到一种奇异的快感。西方人士要想懂得此种快感，就非懂得中国书法艺术的原则不可。学习书法艺术，实则学习形式与韵律的理论，由此可见书法在中国艺术中的重要地位。我们甚至可以说，书法提供给了中国人民以基本的美学，中国人民就是通过书法才学会线条和形体的基本概念的。因此，如果不懂得中国书法及其艺术灵感，就无法谈论中国的艺术。比方说，中国的建筑，不管是牌楼、亭子还是庙宇，没有任何一种建筑的和谐感与形式美，不是导源于某种中国书法的风格。

这样，中国书法在世界艺术史上的地位实在是十分独特的。毛笔使用起来比钢笔更为精妙，更为敏感。由于毛笔的使用，书法便获得了与绘画平起平坐的真正的艺术地位。中国人已经充分认识到这一点，他们把绘画和书法视为姐妹艺术，合称为“书画”，几乎构成一个单独的概念，总是被人们相提并论。假如要问二者之中哪一个得到了更多人的喜爱，回答毫无疑问是书法。于是，书法成了一门艺术。人们对之投以的满腔热忱和献身精神，以及它丰富的传统，人们对它的尊崇，这些都丝毫不亚于绘画。书法标准与绘画标准一样严格，书法家高深的艺术造诣远非凡夫俗子所能企及，如同其他领域的情形一样。中国的大画家，像董其昌、赵孟頫等人，通常也都是大书法家。赵孟頫是最著名的中国画家之一。他在谈到自己的绘画时说：“石如飞白木如篆，六法原与八法通，若也有人能会此，须知书画本来同。”

在我看来，由于书法代表了韵律和构造最为抽象的原则，它与绘画的关系，也就恰如纯数学与工程学或天文学的关系。在欣赏中国书法的时候，是全然不顾其字面含义的，人们仅仅欣赏它的线条和构造。于是，在研习和欣赏这种线条的魅力和构造的优美之时，中国人就获得了一种完全的自由，全神乎构成了一个贯注于具体的形式，内容则撇开不管。绘画总有一个客体要传达，但一个写得很好的字却只传达其本身线条和结构的美。在这绝对自由的天地里，各种各样的韵律都得到了尝试，各种各样的结构都得到了探索。正是中国的毛笔使每一种韵律的表达成为可能。而中国字，尽管在理论上是方方正正的，实际上却是由最为奇特的笔划构成的，这就使得书法家不得不去设法解决那些千变万化的结构问题。于是通过书法，中国的学者训练了自己对各种美质的欣赏力，如线条上的刚劲、流畅、蕴蓄、精微、迅捷、优雅、雄壮、粗犷、谨严或洒脱，形式上的和谐、匀称、对比、平衡、长短、紧密，有时甚至是懒懒散散或参差不齐的美。这样，书法艺术给美学欣赏提供了一整套术语，我们可以把这些术语所代表的观念看作中华民族美学观念的基础。

由于这门艺术具有近两千年的历史，且每位书法家都力图用一种不同的韵律和结构来标新立异，这样，在书法上，也许只有在书法上，我们才能够看到中国人艺术心灵的极致。某些美学鉴赏范畴，如对参差不齐之美的尊崇，对那些乍看摇摇欲坠，细看则安如磐石的结构的尊崇，这些美学范畴会使西方人大为吃惊。如果他们知道这些范畴在中国艺术的其他领域中并不容易看到，他们就更会惊叹不已。

对西方来说，更有意义的事实是，书法不仅为中国艺术提供了美学鉴赏的基础，而且代表了一种万物有灵的原则。这种原则一经正确地领悟和运用，将硕果累累。如上所说，中国书法探索了每一种可能出现的韵律和形式，这是从大自然中捕捉艺术灵感的结果，尤其来自动物、植物——梅花的枝丫、摇曳着几片残叶的枯藤、斑豹的跳跃、猛虎的利爪、麋鹿的捷足、骏马的遒劲、熊罴的丛毛、纤细的白鹳，或者苍老多皱的松枝。于是，凡自然界的种种韵律，无一不被中国书法家所模仿，并直接地或间接地形成了某种灵感，以造就某些特殊的“书体”。如果一位中国学者在一棵枯藤之上看到了某种美，它那不经意的雅致，可伸可缩的韧性，枝头弯弯曲曲，几片叶儿悬挂其上，漫不经心，却又恰到好处，他就会把这种种的美融于自己的书法之中。如果另一位学者看到一棵松树树干弯曲、树枝下垂而不直立，表现出一种惊人的坚韧和力量，他也会将这种美融入自己的书法风格。于是，我们就有了“枯藤”和“劲松”的笔法。

曾经有一位名僧兼书法家，先前习书多年却无长进。一天，他闲步于山径之间，偶见两条大蛇在争斗，各自伸长脖颈，颇有一股外柔内刚之势。他猛然有所感悟，顿生灵感，回去后便练就了一种极有个性的书体，称作“斗蛇”体，表现了蛇颈的伸展和弯曲。中国的“书圣”王羲之在谈书法艺术时，也使用了自然界的意象：

> 每作一横画，如列阵之排云；每作一戈，如百钧之弩发；每作一点，如高峰坠石；每作一折，如屈折钢钩；每作一牵，如万岁枯藤；每作一放纵，如足行之趋骤。

如欲通晓中国书法，必先仔细观察蕴藏在每个动物体内的形态和韵律。每种动物都有其和谐优美之处，这是一种直接出自其生理机能，尤其是运动机能的和谐。一匹腿部多毛，躯干高大的负重拉车之马，有其独特的美，正如一匹光滑灵巧的赛马有其独特的美一样。这种和谐还存在于身体细长、蹦蹦跳跳、快速灵活的灵猥犬身上，也存在于长毛的爱尔兰猩狗身上：它的头和四肢在一起几乎构成了一个方形物，极似中国书法中的“隶书”(流行于汉代，后由清代邓石如发展成为一种艺术)。

有一点很重要，需要注意。这些动植物的外形之所以美，是因为它们蕴藏着一种动势。试想一枝盛开的梅花，具有多么不经意的美丽和充满艺术感的不规则变化！彻底而艺术化地感悟这种美，就等于领会了万物有灵的内在原则，领悟了中国艺术。这枝梅花，即使花朵凋谢或被拨落，仍然美丽无比，因为它还活着，因为它表达了一种生的冲动。每一棵树的外形都显示了一种韵律，它源自某种生命的冲动，它要生长，要拥抱阳光，要保持自己生命的平衡；它也源自抵御风暴的必要。每一棵树都是美的，因为它暗示了这些冲动，尤其是因为它暗示了一种朝某个方向的运动，一种向某个地方的延伸。它并没有想美，它只是想生存，结果却是极端的和谐与令人十分满意的美。

大自然给予灵猩犬以高度弯曲的身躯和一条连接身体与后腿的曲线，以使它跑起路来迅捷无比。除此之外，大自然并没有人为地赐给它什么抽象的美。这些器官之所以美，是因为它们代表了某种速度，从这些和谐的器官中产生了一种和谐的形式。猫儿轻柔的举动，导致了其柔软的外形，即使是一只固执地蹲伏在那里的叭喇狗的线条，也能反映出本身力大性猛的美。这样，我们就解释了自然界无穷无尽的形态，这些形态总是那么和谐、那么富有韵律，变化万端 ，无以穷尽，换言之，自然界的美是动态的美，而非静态的美。

这种运动的美正是理解中国书法的钥匙。中国书法的美在动不在静。由于它表达了一种动态的美，它生存了下来，并且也同样是千变万化，不可胜数的。迅捷稳重的一笔之所以是完美的，是因为它是速度和力量的象征。不能摹仿，不能更改，因为任何更改都会带来不和谐。这也就是为什么书法作为一门艺术非常难学的原因。

把中国书法的美归结为万物有灵原则，并非著者的独创。汉语中的不少说法可资证明和参考，比如笔划的“肉”、“骨”、“筋”等等。其哲理性内涵从未被有意识地揭示出来过。只有当我们想方设法使西方人理解中国书法时，我们才开始探索。王羲之曾从师的东晋女书法家卫夫人说道：

> 善笔力者多骨，不善笔力者多肉。多骨微肉者，谓之筋书；多肉微骨者，谓之墨猪。多力丰筋者圣，无力无筋者病。

运动的动态原理生发出一种结构原理，这是理想中国书法的要旨。单纯的平衡匀称之美，绝不是美的最高形式。中国书法的原则之一，即方块字绝不应该是真正的方块，而应是一面高一面低，两个对称部分的大小和位置也不应该绝对相同。这条原则叫作“势”，代表着一种冲力的美。结果，在这种艺术的范型中，我们有了不少看似不平衡，实际却十分平衡的结构形态。这种冲力之美与纯静态之美的区别，有如一个人站立或静坐之图景，与挥舞高尔夫球棒或把足球猛一脚踢上天时的图景的区别。又如一位女士把头往后一仰的照片，要比她正视前方的照片动态感更强。所以中国字笔划起端总是侧向一方，这比平平地划过去要艺术得多。这种结构的范例可见于《张猛龙碑》，其中字体似有倒塌之势，却又能很好地保持平衡。这种书体的现代范式可见于监察院长于右任的字，他个人有今日的高位，在很大程度上得益于自己高级书法家的名望。

现代艺术正在探索各种韵律，试验各种新的结构形式，但至今尚无所获。它唯一的成功是给予我们一种逃避现实的印象。它最为明显的特征，不是努力抚慰我们的心灵，而是竭力刺激我们的感官，由于这一原因，对中国书法及其万物有灵原则的研究，归根结底也就是在万物有灵或韵律活力的原则指导下，对自然界韵律所进行的再研究，会为现代艺术开辟广阔的前景。直线、平面和锥体的相互交错，反复运用，可以使我们激动不已，却不具备生动活泼的美。正是这些平面、锥体、直线和曲线，看来已经使现代艺术家的才智衰竭了。何不回归自然，向自然求救呢？看来有待于一些西方艺术家不畏艰险，开始用毛笔练习写英语。练上十年之后，如果他天资聪慧，真正弄懂万物有灵原则的话，他将可以用真正称得上一门艺术的线条和形式在泰晤士广场上书写招牌、广告牌。

中国书法作中国美学的基础，其中的全部含义将在研究中国绘画和建筑时进一步看到。在中国绘画的线条和构思上，在中国建筑的形式和结构上，我们将可以分辨出那些从中国书法发展起来的原则。正是这些韵律、形态、范围等基本概念给予了中国艺术的各种门类，比如诗歌、绘画、建筑、瓷器和房屋修饰，以基本的精神体系。

（录自林语堂著《中国人》一书第八章·艺术生活）

论书体流变

溥　儒

书契之作，取象鸟兽之迹。羲皇文字，不可考稽。三代未有纸笔，以刀雕字于简册之上，名曰“书”。《考工记》曰：“鲁之削”。“削”，书刀也。后以漆书之笔，用金玉，金玉坚硬，漆性黏滞，迹划浑朴，形类蝌蚪。秦汉始以毛颖为笔。初变古文大篆为小篆。楷隶书体，化圆为方，不以欹斜取势。东汉虽变楷隶为八分、草书、飞白，其气骨体势，皆出於秦、西汉，体变而典型存也。汉魏西晋器物之铭，瓦当文字皆当时工匠所书，后世士大夫终不能及。岂篆隶法度未失其传，非碑尽中郎，铭皆仲将也。

魏晋以降，字在取势，非若三代秦汉，醇古天成，无事工巧。每书一字，如结构一楼，经营一台，必使其轻重得宜，形势翚飞而后已。一点一划，皆非率尔为之。梁武帝曰：“纯骨无媚，纯肉无力”。又曰：“扬波折节，中规合矩。分间上下，浓纤有方，肥瘦相和。婉婉暖暖，视之不足。凌凌凛凛，常有生气”。

张芝习书，池水尽黑。钟繇至於掘墓呕血。二王父子承钟张遗规，集汉魏之大成，去古未远。崔杜蔡卫之书，俱在重规叠矩，加之以变化。每一字之布置，一笔之顿挫，如跳跃飞腾，成龙跳虎卧之状。使其一字之内，一篇之中，无平凡板滞之笔。得其用笔，气势生焉。得其气势，形体立焉。古人讥伪书，谓字如算子，形如布棋。伪体凡格，无结构变化之妙也。

唐太宗曰：“吾临古人之书，殊不学其形势，唯在求其骨力。及得其骨力，而形势自生矣”。今观《温泉铭》、《晋祠碑》，无一字羲献，而无一笔非羲献也。《潜确类书》曰：“临书易失古人位置，而多得古人笔意。摹书易得古人位置，而多失古人笔意。临书易进，摹书易忘”。综前人所论，善学古人者，先得其骨力，结体虽变可也。不善学者，求其形势。形势虽似，骨力已漓。犹优孟之效叔敖，虎贲之似中郎。

东汉八分隶法，秦所无也。右军行书新体，汉未有也。故形体因时变迁，用笔千古不易。八分波磔，变自史篆。真行点划，出於八分。唐临晋帖，宋习唐书。承其胎息，变其体势者也。如宋四家之书，虽权舆于晋，而兼平原。徐李松雪临二王，而兼北海西台，时使然也。

率意挥毫，不求使转。《书谱》所谓任笔或“肉多痴肥”。梁武所谓：“纯肉无力”。或虽有使转，而骨多於肉，屡见圭稜，《书谱》所谓：“如枯槎当路”，皆过不及之病。

大令变右军之体，世称“散朗多姿”；以秀媚取势，而用笔未尝变，所谓“得其气骨”者也。中锋者，谓锋自中出，不可偏侧。梁武帝曰：“用笔斜，则无芒角”。书法用笔，如壮夫舞剑，盪决挥刺，吞吐敛发，力出中枢，而贵蓄势。蓄势者，藏锋也。古人取譬：折钗股，屋漏痕。又曰：如锥画沙，如印印泥，如汉高用兵，不轻用其锋耳。

运笔之法，以指竖拈笔管，以肩为枢轴；力发于臂，贯于肘，肘连于腕。如车轮然，轴动而外轮转矣。古人云："运腕而指不知"。大令幼习字，右军自后制其笔，不动是也。腕必上下起伏，取轻重之势；左右迴旋，得圆转之妙。《书谱》所谓："导之则泉注，顿之则山安"。故运笔之道，柔则圆，刚则方；静则止，动则行。圆如引规，方如陈矩；静如峰峙，动若云行。昔张长史观公孙大娘舞剑，得低昂迴翔之势；怀素观云悟笔，皆此理也。

书小字，必先习大字，其勾挑撇横直折转，行笔处处精到，则虽蝇头之字，必合笔法，意存体势，始无轻率之病。黄山谷云："小字贵宽绰有馀"。

习篆，取其匀圆。习隶，得其转折藏敛。习草，得其圆转迴旋，笔无滞碍。习行，知左右上下，宾主交让之势。习楷，得其方严。习飞白，得其翔舞。

古人云："字无定形"。非无定形，无定势也。字体在善得势。张怀瓘所论："抑左升右，举左低右"诸势是也。

多习古书，求其用笔。如锥画沙者，藏锋也。无垂不缩者，敛锋也。无往不复者，迴锋也。起伏者，别轻重也。顿挫者，犹龙之夭矫屈伸也。悬针者，出锋也。垂露者，缩敛其锋也。

唐人善书者，不独虞褚。初唐二王之书尚多。又太宗嗜右军书，书之所被，公卿传习，当时尚无伪劣之体。虽不工书者，亦皆有所观。数代传研，风徽未泯。元明以降，草书往往纵逸，不复严谨。馆阁之体既兴，古法益堕。士大夫多不习篆隶，体格既卑，去古佥远。然尚有法度，为当时之体。今则败法乱纪，为事无度。破体讹字，远过北魏。求馆阁之体，亦不可得矣。

晋人墨迹，传世日少。元常《荐季直》已毁。惟余藏有陆士衡《平复帖》，王珣《伯远帖》。真迹二王，多唐人廓填、米海岳临本。惟日本所藏右军《孔侍中帖》乃真迹。

小楷《黄庭经》、《乐毅论》、《曹娥碑》、《东方像赞》等帖，旧本难覯；近世翻摹，狸虎豹之鞹矣。与其学翻摹伪本，不若临文待诏小楷，尚能得其笔法。

习真书，笔太圆浑，肉多於骨，不解使转。欲救其弊，则写《九成宫》、《道因碑》、《多宝塔》、《玄秘塔》、《圭峰碑》，则笔健劲。笔太强拔而少含蓄，欲救其弊，则写二王小楷《誓墓文》、《霜寒来禽》等帖。虞永兴《庙堂碑》，则笔浑厚。

元气未漓，混沌未凿，含宏锺毓，山原浑厚。庶物丰殖，既耕既疏。气变俗易，蓝田无玉，云梦无犀。分书不逮於古，理固然耳。

（节录溥儒著《寒玉堂书法论》）

写字学纲要

叶恭绰

书法为艺术之一，凡艺术之奥秘多不易以言诠。但是，如希望艺术能为多数人了解，其内容非设法说出不能，令人依法练习。所以不能不加以说明，本人今日讲题为写字学纲要。

写字学即普通所谓书法，因书法的书字很容易误解为书籍的书，将动词解错为名词，故不如改为写字学比较令人观念清晰。古人对于此种学问名为字学，或曰书法，日本人则名为书道。今直接名之为写字学，意谓此乃写字之学问也。

写字学可分四大类言之，一技艺、二工具、三传习、四修养，此四者由初步至大成都可以包括。本来书法乃我国特有的艺术，并非世界各国所同有，且四千余年传习下来，亦不自今日始自有。金石文已经有了书法，其中有许多精义古人每每不肯明言，所以往往失传。今所说的四大类，不过略言其大概而已。

一、技艺。　何以先讲技艺呢?因为对于技艺无相当成就者不足以言书法。技艺之内容有五:甲运笔、乙结构、丙笔力、丁韵味、戊气势。

甲运笔。笔乃写字最重要的工具，古人的执笔有应注意者，例如在钟繇与王羲之之时代，均席地而坐。故古人执笔皆悬肘而不切案，至唐代尚然。今人则伏案而书，不复悬肘，所以难及古人。古人只有悬肘，次亦悬腕以运笔，绝对无以指运笔者。名家中惟苏东坡用指运，然在写捺时已非常勉强，　其势然也。古人不特作大字悬肘，即作小字亦悬肘，以指死掌活为一定法门。若以数学三角原理言之，指运之活动范围最小，掌运者较大，用到肘臂其圈更大矣。故古人书能取势，后人坐而写字，又多伏案。至清代因考试关系，专取呆弱之小楷，更使全国束缚其手有如缠足。其能独具只眼，出乎流俗，力追古人者实不容易也。清横云山人写字每闭门不使人见，其甥张得天窥之，乃以绳系梁以悬其肘，若磨谷焉者。此乃知古人之法，而力不能到，乃假助于绳 以成之。可知手受束缚后，解放了不易矣。

书法工力之深浅，以悬肘为上，悬腕次之，掌运又次之，指运为最下，此不易之原则也。至于布指应如何，各家主张亦不一，欲求结论殊难，此点从略。

乙结构。每字之结构不能限定，否则如算子不复成书。故结构之妙，存乎一心。

丙骨力。假如结构得四平八正而无骨力，则字无精神。如不作艺术看，则无所谓。否则，既解执笔之后，必须注意骨力二字也。

丁韵味。既有骨力，尤须有韵味。否则其硬如铁，索然无味，亦不成书。

戊气势。字字有气有势，务使大字如细字，细字如大字。大字缩小固有气势，小字放大亦有气势。

以上五者，写字时必须注意。苟五者有相当心得，写字便有相当成就矣。

二、工具。运笔、结构、笔力、韵味、气势五者，如何然后能熟练及臻于巧妙，则不能不有相当良好工具以为之助。孔子云：工欲善其事，必先利其器。正如建屋必须选择良材，一般前人有谓不择纸笔亦能书者，只可作变态看，非的论也。自有毛笔之后，蘸墨而书，笔之种类甚多。制笔之取材本可无限量，不限于某一种原料也。笔商笔工守旧，不敢取别种毛以制笔，殊为可惜。观夫陈白沙以茅草制笔，萧子云以婴儿胎发制笔，其尝试亦能成功。笔之选择以健毫为主，此有相当历史。凡古人善书者多用健毫，如卫夫人之兔毫，王羲之之鼠须是也。近人多用羊毛以矜其能，殊不知羊毛之流行不及二百年，清代以用羊毛笔而著名的只有包世臣一人（著有《艺舟双楫》）。此外，未闻有用羊毛而得名者。

其次用墨，此问题之解决殊难。前人造墨不惜工料，千锤百炼，始底于成。今人偷工减料，墨色灰淡，殊无光彩。现在市上所卖之墨，质料均劣。而旧墨难得，光绪间墨亦成古玩，价等兼金矣。余每欲联合海内书家与制墨者，约专制佳墨，为之认销。但始终因交通及材料问题，不能实现。至于制纸亦然，现在制纸者多利用机器，而手工制纸渐见其少。将来书家取用之纸亦成问题。至于墨砚，更少人注意矣。

三、传习。既有工具，如何练习，则传习尚矣。传者，传授也。习者，练习也。浅如小孩食饭，亦须先有人教，况书法为艺术之一乎。与其师心冥索，不如得人指点一语。故贵有师承，否则行错路线，将来更改甚难，欲回复正路，已甚远矣。有了好师承，随之而行，便要在仿模下功夫。盖只有耳听，不如心、手、眼实践之为愈也，仿模阶段必不可少。至于应学何家，亦要人指示最妙。能得写字学专家以请教之，然颇难得。盖现代社会，凡百事物，皆以时间、金钱、经济为原则。能以长久时间，以专门研究书法之人，诚不易得也。既有人指示矣，则专心仿模，务求形似，迨手逼真之后，进求变化。何谓变化，譬如，食物入胃要消化之，去其渣滓而提取其精华，变为精血，以营养其身体。学书亦然，日积月累。锲而不舍。临摹既久，自生变化。此时，不必专学一家，可纵临各家。又如食物愈多则变化亦应多也，发生变化之后，又要能融会各家，加以心得及取所见所闻和诗书之修养。其阶段之进程如下：

师承→传习→变化→融会

四、修养。有志于写字学及欲成书家者，单恃技艺尚不足也。其最重要者，还在修养。盖我国艺术向重个性，要把整个人的人生观念、学问、胞襟流露出来，此乃我国艺术特殊之点，亦写字的艺术例所应尔也。故欲其作品得艺术之精神，必须注意修养。然如何能使每人的精神向上，能以书法表露其精神，此点颇难以言诠。请以酿绍兴酒喻之，绍兴酒之制法，蒸熟米之后，吸收蒸气，蒸气凝聚为水，再加以其他材料乃成为酒。此酒愈旧愈佳，待其杂质下淀，埋之地中，感受地气，将其火气去清，乃成纯酒。盖原料好、工作好，仍须够时候，待其炉火纯青，才算醇酒也。薰陶浸润，日积月累，逐渐变化，然后成功。如求急功，即使好酒，亦醇味不足。夫艺术之成就与但求实用者不同，若求急功，何不以打字机为之。今之谈书法者，如制啤酒，即制即饮，隔年则失味矣。各位入世做事，因服务所需，另一说法，但不可不知，艺术与实用的界限也。两者之间，如两间屋，虽然相通，其实各自各也。

修养之道，第一为学问。学问包括一切学问知识，学识丰富的学者，其态度自别于人。其言动举止，皆可于字里行间觇之。例如朱九江先生，虽不以字名，但后人见其字者，即知其人之有学问也。反之，一无学问之辈亦可于其字见之。

第二为志趣，志趣卑下，贪财好色，影响于修养极钜。盖见解低下，思想低下，实际上已谈不到修养。即使对于书法曾下苦功，然其字之表现亦卑卑，不足道也。

第三为品格，人品高尚而又有相当写字修养者，不特其人令人钦仰，其片纸只字亦令人珍重。孔子所谓诚于中形于外，其下笔固已加人一等矣。中国画家最重修养，画匠之画，一望而知。此虽或为心理作用，然缺乏修养者，不能入艺术之林，已成为古今定例矣。故能融会学问、志趣、品格于书法之中，其艺术之成功乃大，否则，小成而已或不完备而已。

由此观之，要成就书家并不容易。但吾人亦不可畏难，盖任何学问皆有必经程序，写字亦然，故余主张写字之称为学也。总而言之，无精神之修养者，非真正的书法艺术。

一九四零年在香港广州大学演讲　麦华三笔记

（录自叶恭绰著《遐庵谈艺录》）

说 碑 帖 与 拓 本

施蛰存

碑

许多人以为凡刻有文字的石头都称为碑，这是一个长久以来错误了的观念。所谓碑这个东西，本来只是一块大石板，中间上端穿一个圆洞。古人办葬事，把石板直立在墓穴四角上，利用它来扣牢粗大的绳索，慢慢地把棺材放下去。此外，公卿大夫的家门口，也有直立的石头，用来系马，这就是后世的系马桩。宗庙祠堂门前也有石头，用来栓住祭祀用的牲口。这些石头，总名曰碑。所以《说文》给“碑”字的注解是“竖石也”。汉以前的古书中所有的“碑”字，大多数指的是这种直立的石板。

大约在西汉晚期，有人开始利用这块石板，刻上了文字，记述墓中人的姓名官位，卒葬年月，就放在墓前，不再撤除。这个东西，称为墓表。现在存有河平三年八月的《麃孝禹阙铭》，向来研究者以为是墓阙铭文，我以为其文辞与东汉时盛行的墓阙铭不同，所以我认定它是墓表。

以后，石板上刻的文辞渐渐多起来，详细地记述了墓主的姓名、家世、生平和事业，还加上些颂扬和悼念的诗铭。这样就成为一篇传记，使过路人读了，可详细地知道墓主是何等人物。这块石板，就称为墓碑。墓碑是墓表的发展。从此以后，碑的字义变了。人们以为碑是刻有文字的石板，其不刻文字的，反而不算碑了。

祠堂是子孙纪念祖先、人民纪念好官的建筑物，神庙是信徒群众纪念圣贤神仙的建筑物，在这些建筑物门前的竖石上刻了文字，记述受祭祀者的道行功绩，就称为祠庙碑。

在汉魏时代，人们对于碑的观念，大概只限于墓碑和祠庙碑两种，其共同点是都限于纪念过去的人物、现实的和神话传说中的人物。至于记载其他事物的石刻，一般都不称为碑。因此，民间对于这个“碑”字，有了新的解释——人们以为立碑是表示悲悼。我们在汉碑的铭文中，常常可以观察到这一意义。晋代的民歌里，往往以“含碑”为“含悲”的谐声。《初学记》里便直接说出了“碑，所以悲往事也”。到晚唐的陆龟蒙，更明白地说：“碑者，悲也。”这就把汉魏以来的这个概念确定为“碑”字的释义了。

汉碑《北海相景君铭》有“竖建虎砦”一句，这个砦字，从宋代的洪适到清代的翟云升、翁方纲，都不认得，所有的字典里也都不收。我以为这就是碑的俗体字，它反映了汉代人以悲释碑的观念。这个字如果用《说文》的成例来注解，应当是：“从石，悲省声。”虎是指墓前石虎，砦即是墓碑。

汉碑的题额，有用“碑”字的。例如《校官之碑》，是纪念溧阳县长潘乾建造学宫的；《白石神君碑》是纪念常山相冯巡等为白石山神立祀的功德的。诸如此类的“碑”字，都是指这块石板而言，并不指其文体。但到了南北朝，这个“碑”字的意义又转而为一种文体名词了。《昭明文选》的目录里有两卷《碑文》。这个类目，倒是经过考虑的。它表示这是一些刻在碑石上的文章，还没有把这种文体称为碑。但其中所收的碑文中，有一篇王简栖的《头陀寺碑》，内容是记述一所佛寺的，这就只能题作《头陀寺铭》而不能题作碑了。韩愈写了一篇文章，颂扬宰相裴度平定淮西藩镇吴元济叛乱的功绩，把这篇文章刻在碑上，而在他的文集中，仍把这篇文章题为《平淮西碑》，因而被宋代的古文家批评，说他以碑为文体，完全是错误了。这个碑是平淮西碑，这篇文章却应该题作《平淮西颂》。

把一切石刻都称为碑，把碑作为文体名词，这两种都是错误的。

帖

现在碑帖二字已成为一个语词，一般人总以为它是一个概念。凡是黑纸白字，供给人们临写的书法范本，都称为碑帖。碑帖是一种东西，碑就是帖，帖就是碑。其实，碑和帖是两种东西。

关于碑，我们已解释过，其概念大致已可明确。现在要解释这个帖字。从最初意义的帖，演变到碑帖之帖，这中间有几百年的历程。许慎《说文》给帖字下的解释是“帛书署也”。这个解释不太好懂，我们参考刘熙《释名》关于署字的解释，他说：“书文书检曰署。”清人王启原用现代语译解道：“书文书检者，题文书封面也。”这样，我们才可以了解，凡是题一切文书的封面，就是给它加个标题，称为署。封面是简牍的盖版，古人称为检。如果给帛书加标题，就称为帖。可知署是大名，帖是署的一种。帛书上的标题，大概也是加帖一条织物，故帖字从巾旁。唐徐浩《古迹记》云：“开元十九年二月，在滑州司法路琦家得王羲之正书扇书一纸，其褾是碧地织成。褾头一行，阔一寸，黄色织成。”又云：“晋右将军王羲之正书卷第四。”此所谓褾头，即是帖。但徐浩时这个帖的意义已有改变，故称作褾头了。

梁武帝与陶贞白有许多书信来往，讨论书法，其中屡见帖字。陶书有云：“适蒙复给二纸，伏览标帖，皆如圣旨。”又云：“帖注出装者，皆拟赉诸王及朝士。”又云：“臣近见三卷，首帖亦谓久已分本。”武帝书中有云：“今始欲令人帖装，未便得付来。”又梁中书侍郎虞和《论书表》有云：“范晔装治卷帖少胜，犹谓不精。”以上这些帖字，都是在古人墨迹前加题署的意思。从“首帖亦谓久已分本”这一句看来，可知这个题署还说明此墨迹原件已被人分为数本，不是全璧了。

唐武后时，武平一作《徐氏法书记》，记载他见到的几卷王羲之章草书“多于其侧帖以真字楷书”。这是说有人在王羲之草书墨迹的每字旁边用正楷注释。这个帖字的用法是前所未见的，但意义还是出于题署。

从齐梁到初唐，都没有把古人墨迹称为帖的。计数单位一般都用纸、卷、帙。例如陶贞白书云：“给事黄门一纸，治廉沥一纸，后又治廉沥狸骨方一纸，右四条非右军书。”梁武帝复书云：“给事黄门二纸为任靖书。”唐初褚遂良抄录其在御府所见王右军墨迹目录，分正书五卷，草书五十八卷，都是取开头数字为目。如正书第四卷的内容为：“周公东征十一行，年月日朔小字十四行，尚想黄绮七行，墓田丙舍伍行。”由此可知初唐时还没有给事帖、墓田帖这样的名词。但是，“正书都五卷”这个标题下有小注曰“共四十帖”，而在“草书都五十八卷”下却没有注明帖数。这个帖字已从题署的意义演变为计数单位。正书五卷共收右军墨迹十四段，每段有一个题署，故曰十四帖。今本作四十帖，显然是误文。

大历四年，窦蒙为其兄臮的《述书赋》作注，详记当时所存魏晋以来名家书迹，大多举其纸数行数，例如记王道子的书迹云："今见具姓名行书一纸，凡七行。"也有用帖字的，例如记庾亮的书迹云："今见草书五纸，行帖共八行。具姓名草书又一纸，十一行。"又记王志书迹云："今见具姓名行书三帖共七行。"从这条记录可知三帖不等于三纸，因为总共只有七行字，而分作三帖，则一帖大约即是一段，也就是一个标题。

元和三年卢元卿记录他所见官库中残存的王羲之书迹一卷，有标题曰："晋右将军会稽内史赠金紫光禄大夫琅玡王羲之字逸少书一卷四帖"。又一行曰："贞观十四年三月二十三日臣蔡抈装"。据此可知，以一段为一帖，贞观时已行用了。

开元十年，何延之撰《兰亭记》，叙述李世民遣监察御史萧翼到会稽去，向辩才和尚赚取兰亭序墨迹的故事。此文中用帖字，皆与前代不同。如云："太宗以德政之暇，锐 志玩书，临写右军真草书帖，购募备尽。"又曰："顷得二王杂帖三数通。"又曰："贫道有一真迹，颇亦殊常。"翼曰："何帖?"辩才曰："兰亭"。同时人张怀瓘《书估》有云："大王草书字直一百，五字乃敌一行行书，三行行书敌一行真书。偏帖则尔，至如乐毅、黄庭、太师箴、画赞等但得成篇，即为国宝，不可计以字数。"据此可知当时以右军零星小札为偏帖，然则乐毅、黄庭等整篇墨迹，应该是正帖了。以上这些帖字，已纯然是个名物词，可以给它作一个新的解释："凡古人名人书法之可以供人临写者，谓之帖。"这样用法的帖字，始见于开元或稍早一些，但在太宗、高宗朝，肯定还未见。何延之文中所用帖字，都不是贞观年间文士的语言。

直到唐末(乾符中)，张彦远作《右军书记》，记录了他平生所见王羲之书四百六十五帖的全文，其第一部分就是《十七帖》。张氏有小序云："十七帖者，以卷首有十七日字故号之。二王书后人亦有取帖内一句稍异者，标为帖名，大约多取卷首三两字及帖首三两字也。"这段小序非常重要，它告诉我们，标题帖名是后人之事。我们现在查考帖字的用法，开元天宝间正在转变。从何延之的文章中，可以推测《兰亭帖》这个名称，当时已成立。到张彦远的记录中，又出现了《十七帖》，可知他所谓"后人"，必指开天以后。

碑是石刻，拓打其文字，以供临写。帖是绢素或纸本的墨迹，响拓(影摹)其文字，以供临写。碑本是黑纸白字，帖本是白纸(或黄纸)黑字。这是唐人所知道的碑帖之分。

响拓是很费工夫的技术，而且从原迹影写出第一个拓本，再从第一个拓本影写出第二个拓本。辗转钩摹势必愈来愈失真。因此，有人仿刻碑的办法，把原迹钩刻在石上。据说唐玄宗李隆基曾把《兰亭序》刻在白玉石上，置于学士院中，打本赐朝臣。至五代石晋时，契丹入侵长安，此石为耶律德光取去至定州，德光死，此石流落民间，为士人李学究所得。宋初，宋祁官于定州，访得此石，置于公库。于是有拓本流传，所谓《定武兰亭》也。

《兰亭序》的拓本，已是黑纸白字，然而仍称之为《兰亭帖》，于是碑与帖的概念开始混淆了。南唐后主李煜曾汇编古代名家书迹，刻之于石，号称《澄心堂帖》，这是丛帖的创始。这部帖至今已无传本。宋太宗赵炅亦爱好书法，派人访购流失在民间的历代法书，编为十卷，淳化三年刻于枣木版，秘藏宫阁中，只有宰相大臣，才能享受赏赐一部拓本的恩典。这就是现在所谓《淳化阁帖》，简称《阁帖》。从此，历代有人编刻丛帖。明陈眉公刻《晚香堂帖》，董其昌刻《戏鸿堂帖》，清乾隆帝刻《三希堂帖》，于是帖字的意义又有了发展，凡是把许多名家的字迹刻在石上或木版上的，都称为帖。

碑与帖的第一义已经混同了。现在，我们要区别它们，只有寻找别的特征。我们可以说："碑上刻的是传记文，是作为一种历史文献而刻的，并不是为了书法优美，供人临写而刻的，帖则是完全为了书法优美，供人临写而刻的。这一区别，本来很清楚，一说就懂。但是，由于碑上的字都是当时著名书家所写，刻碑的本意虽然不是为书法，可是到了后世，碑文已失去其作用，而字迹却为学书者所重，实际上这块碑已只有帖的作用了。例如虞世南写的《孔子庙堂碑》，今天我们只重视它的字迹，而不顾这篇文章的内容了。学习书法的人，临写《庙堂碑》，叫做临碑；临写《兰亭序》，叫做临帖，内行人还能作此区别，而一般人则统称为临帖了。非但如此，从宋以来，有许多人干脆把碑也称为帖，例如《石鼓文》和《秦泰山刻石》，都是碑，而秦少游在他的《法帖通解》中却说是"史籀、李斯二帖"。从此碑帖这个名词，几乎成为单一的概念了。

但是，到清代中叶，包世臣作《艺舟双楫》，竭力提倡书家要多临碑，少临帖。他以为碑字多篆隶真楷，有端庄刚健之气；帖字多行草，气骨柔弱。学习书法，应当从临碑入门，打好刚健的基础，然后学习行草书，不致柔媚无骨。他以为碑都是中原古刻，特别重视北魏碑的书法，因此他以碑字代表北派书法，帖大多是南朝文人的字迹，他就以帖字来代表南派书法。北碑南帖，成为书法艺术的一个新词语，于是碑帖二字，又产生了新的意义。我们说某人是临碑的，这是说他写的是篆隶真楷；如果说某人是临帖的，这是说他的写 的是行草书。

帖刻也起于唐代。唐以前，一切石刻文字都可以称为碑；唐以后，就有碑和帖的区别。唐太宗爱好王羲之的书法，把《兰亭序》模刻在一块玉版上，以拓本赏赐群臣。得到这个拓本的人，又钩摹下来刻在枣木版上，或石版上，也分别有拓本流传。这种木刻或石刻文字，称为"帖刻"，而不是"碑刻"。秦始皇的《绎山刻石》，在唐代就有枣木翻刻本。从原石上打下来的拓本，称为"碑本"，从枣木版上打下来的拓本，只能称为"帖本"。怀仁集王羲之字刻的《圣教序》，从这篇碑文的作用来定名，这是一块"碑"；但是从字迹书法的作用来定名，应该说它也是一种"帖"。

有人说："横条石刻的是帖，竖立石刻的是碑，这一区别，只能适用于宋代以后。因为从《淳化阁帖》以后，历代帖刻都是用横条石刻的，但少林寺塔林中有些唐代高僧的塔铭，也是用横条石刻的，难道可以说是帖吗？总之，碑和帖的区别，很难下一个简单的定义。我以为，主要的区别在于所刻文字的作用及时代。凡是模刻古代或当代名人的字迹，目的是供人学习书法，这是帖；凡是模刻当代的史料、传记、诗文，目的是为了保存文献，传示后世，这是碑。但是，碑文的拓本，剪裱成册子，以供书法临写的，现在也通称为帖子了。一般人只说临帖，不说临碑。

拓本

用纸墨从铜器石碑上打印出来的文本，纸被墨染成黑的，有字迹处是白的，这种黑纸白字，现在称为拓本。这个拓字，取义不很明白，也不知其起源。而且这个名词，产生得也并不早，大约南宋时才有。喜欢用古字古语的人，往往写作搨本。似乎拓本即搨本的音变。但是，就其本义而言，它们实是两种东西。

萧梁时，中书侍郎虞和的《论书表》云："由是搨书悉用薄纸。厚薄不均，辄好皱起。"又《南部新书》云："兰亭帖，武德四年欧阳询就越僧求得之，始入秦王府。麻道嵩奉勅搨两本，一送辩才，一秦王自收，嵩私搨一本。"又何延之《兰亭记》云："帝命供奉搨书人赵模、韩道政、冯承素、诸葛贞等四人各搨数本、以赐皇太子、诸王、近臣。"又窦臮《述书赋》云："季初则隐姓名，展纤劲，写搨共付，赏能之盛。"注释云："杨肇，字季初。今见草书一纸，共十行。有古署榜，无姓名，今共传搨之。"这是说晋朝书家杨肇的草书，现存一纸，有字十行，有古人的题签，说明是杨肇的手迹，但没有杨肇自己的署名。这一纸草书，有许多人互相传搨，从齐梁至唐代，许多人用搨字都还不等于拓字。唐人所谓搨本，不等于后世所谓拓本。

像《兰亭序》这样著名的古人书迹，当时没照相机可以摄影复制，也没有印刷术可以使它顷刻间化身千百，唯一的办法就得影写。所以要用薄纸覆在原迹上，细心影写。这种工作方法，称为搨。所谓搨本，就是影写本。《新唐书·百官志》记载宫中集贤殿书院有搨书六人，弘文馆有搨书三人，这些人的专职都是影写古人书迹，赵模等四人就是唐太宗时有名的搨书手。

搨，又称为摹(或作模)。宋人黄伯思《东观馀论》有一篇《论临摹二法》，字数不多，今全录于此：

"世人多不晓临摹之别。临，谓以纸在古帖旁观其形势而学之，若临渊之临，故谓之临。摹，谓以薄纸覆古帖上随其细大而搨之若摹画之摹，故谓之摹。又有以厚纸覆帖上，就明牖影而摹之，又谓之响搨。临之与摹，二者迥殊，不可乱也。"

这里说明了临帖与搨帖的区别。临是为了学习书法，搨或摹是为了复制。

关于响搨，宋人赵希鹄在他的《洞天清禄集》中也有说明："以纸加碑，贴于窗户间，以游丝笔就明处圈却字画(划)，填浓墨，谓之响搨。然圈隐隐犹存，其字亦无精采易见。"他所说的是影写碑文，但方法和影写墨迹一样，先依照每个字的笔画边缘钩写成空心字，然后用墨填满。唐人搨写《兰亭序》，大约亦用此法。空心字称为廓，意思是字的轮廓。在廓中填墨，叫做 廓填。唐人搨书，大多廓填，故使后人误为真迹。宋人搨写古碑，意不在作伪，且碑字本来是白色的，故无须填墨，于是这种搨本，称双钩本，黄伯思说：曾在洛阳见褚遂良摹搨的《黄庭经》，"单廓未填，笔势精善。"可知双钩本亦唐初已有，不过极为少见。

用纸墨拓取石刻文字，此事不知起于什么时代。东汉末年，蔡邕刻成了石经，太学生都去抄写，以校定自己的读本。史书上没有说他们得到了拓本。后魏时，郦道元作《水经注》，记录他所见到过的二百多块古碑，都是根据他在碑前的摘录，或凭记忆叙述的，也没有说他曾拓取碑文。由此可以推测，至少在北魏时，还没有石刻文字的拓本。但是，在《隋书·经籍志》中著录了《秦皇东巡会稽刻石文》一卷，还有《一字石经》周易、、尚书、鲁诗、仪礼、春秋等三十四卷，又有《三字石经》尚书、春秋等十七卷。这些都是梁朝宫中遗留下来的残余。我们似乎可以肯定，它们都是拓本，而不是影写本。然则，南朝在齐梁时，大约已用纸墨拓碑了。不过，石经都在洛阳，不在齐梁版图之内，为什么南朝有石经拓本，而北朝却没有呢?这是一个疑问。

中唐以后，出现了打碑这个语词。李肇《国史补》云："德宗在东宫，雅知杨崖州。尝令打李楷洛碑，钉壁以玩。"西安有一个唐代的尊胜陀罗尼经幢，其最后一行刻着："元和八年八月五日女弟子那罗延建尊胜碑打本散施，同愿受持。"意思是说：有一个名叫那罗延的信佛女弟子，建立了这个经幢，从这个幢上打下经文墨本来散发给大众。这"打本"二字都是"打印几本"之意。清初的朱枫作《雍州金石记》，把这个碑名记录为《尊胜碑打本》，可知他不了解"打本"二字的意义。同时，"打本"也成为一个名词。窦蒙《论书赋注》云"周宣王猎碣十枚，上有篆文，今见打本。"由此可知"打本"是唐人称碑拓的正名。

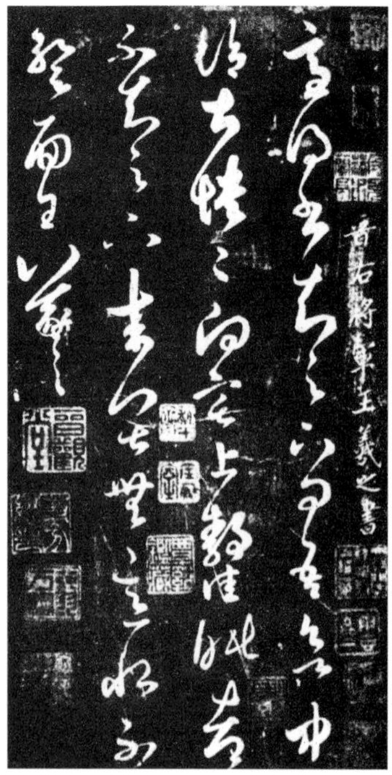

晋王羲之适得书帖

到了宋代，欧阳修《跋武班碑》云："后得别本，模搨粗明，始辨其一二。"又《跋殽阬君神祠碑》云："施君为陕西都转运使，为余摹此本。"又跋唐中兴颂云："模打既多，石亦残缺。"这里，他随意用摹、模、搨、打，都是同义词，指打碑而言不是影写了。大约到宋代，古人书迹，都用石刻或木刻的方法流传，不再用唐人搨书的方法。故宋人所谓搨本、摹本，已与唐人所谓打本同一意义了。

但是，在欧阳修的书里，我还没有看到"拓本"这个名词。到稍后的黄伯思，他在《跋刘宽碑》一文中说："因令工椎拓二碑及阴文，装为三帙。"从此出现了"椎拓"这个语词。椎者，用木椎打纸入碑字也；拓者，用毡包在纸上擦墨也。椎与拓都是打碑的工序，而椎的目的是为了拓，拓本这个名词便由此而成立。

隋龙藏寺碑

因此，拓本与搨本，就其本义而言，原是两种东西，现在却混同了。也有人以为"搨本"还不够古雅，改用"脱本"。这是出于唐诗人韦应物的《石鼓歌》："令人濡纸脱其文，既击既扫黑白分。"这是说他令工人沾湿了纸打取石鼓上的字，击与扫即是椎与拓。又有人把脱本改为蜕本，意为碑石上所刻的字迹，遗脱在纸上，好比秋蝉的遗蜕。

（录自施蛰存著《北山谈艺录》丛话篇）

说 题 签

王靖宪

题签作为一种艺术创作和艺术作品，对我们似乎既熟悉，又有些陌生，感到陌生大概由于历来不将它作为一种艺术的门类，对它的介绍、研究工作做得比较少的原故。然而，题签对于一位收藏者来说却有非常密切的关系。一件藏品，如卷轴的包首、册页的封面，或装陶瓷、青铜、玉石……的锦盒，如果有一位权威鉴定家或书法名家的题签，犹如锦上添花，无疑会增加藏品的身价，而题签本身又是一件具有学术价值和艺术价值的作品。对藏品的欣赏者来说，观赏藏品首先接触的就是题签，名家品题的题签使人在未见藏品之前即对藏品产生许多遐想，所以收藏家都非常重视藏品的题签。如果你新收一件称心如意的藏品，往往会想到请人或自己题写一条签。我见过一些传世的藏品，大都有一条非常讲究的签。众多藏品的题签中，最为丰富多采的恐怕要属书画册页和碑帖裱本的题签了。这真是一座奇异的艺术宝库，可惜这座宝库中一些具有学术价值和艺术价值的签，常因无法随藏品同时展览在观众的面前而被忽略，于是这门艺术似乎被埋没了。因此，我常有这样的想法，如果选择诸多藏品中最精采的题签，用彩色版编印出来，或出版一种图录，那将是一件多么有意义的事。

所谓“签”原是一种起标识作用的事物。我们日常生活中，比如一本书籍中夹一条纸条儿作为标识，或在某件东西上作一个标志，都可称作“签”。古人对签十分讲究，米芾《书史》有“白玉为躞，黄金题盖”之说。躞，为书卷的横杆。明代方以智《通雅》说：“金题，书签也。海岳《书史》云：隋唐藏书，皆金题玉躞。智按：梁虞和《论书表》有‘金题玉躞织成带’。注：金题，押头也，犹今之书面签题也”。此外还有“题耑”、“署首”等称谓。古代书画卷中有一种“牙签”，也是属于题签的流变。近人余嘉锡《书册制度补考》说：“盖简策之制，字与上下齐，无复余地，故读者欲有所表识，则削竹为小笺，系于简。刘向校书，康成注诗，皆先书之于笺也。后世以纸写书，则有裁小幅纸为笺者矣。卷轴之悬牙签，盖亦笺之变”(《余嘉锡论学杂著》)。这类形式的签条，今天还流行于一些藏书家的书架中。

题签的起源很早，在纸没有发明和广泛应用之前，书写文字主要是简牍。用竹或木削成片状制成的简，把细长的竹木片用绳连缀各简编成册（策），前面留有二支空白的简，称“赘简”，它的背面书写题记，将竹木简卷成一卷，这二支简背的字露在外面，犹如今天手卷包首上的题签，这应该是最早的题签。到纸大量生产普遍应用的时候，书籍出现手卷的形式，题签也出现新的形式。马衡《中国书籍制度变迁之研究》说“卷轴以帙裹束，置于架上，每患不易检寻，故有签以为标识。《唐六典注》谓集贤院四库书用牙签，以红、绿、碧、白分经史子集。唐韩愈《送诸葛觉往随州读书诗》亦曰：“邺侯家多书，插架万轴，……悬牙签，新如手未触。皆言签之材质，为象牙所制。但余以为普通书签，未必皆用牙，必有用木或纸或帛者。此种书签，既为便于检寻而设，则其上当记其书名及卷数，推测而知者也。”(《凡将斋金石丛稿》)宋代以来装潢书籍书画，相继出现旋风叶、蝴蝶装、册页等形式，其封面常粘贴有条状笺题，《墨庄漫录》有用“硬黄作狭签子”的记载。这时的题签逐渐从标识作用，发展为应用和装饰并重，书写签条用的材料和题写的书法也慢慢讲究了。宋赵希鹄《洞天清录》说:“徽宗御府所储书，其前御笔金书小标题”。明周嘉胄《装潢志・贴签》也说“宋徽宗、金章宗多用磁蓝纸，泥金字，殊臻庄伟之观”。传世宋徽宗书写的题签，如《晋王羲之奉桔帖》、隋《展子虔游春图》、唐《孙过庭书谱》、《李太白上阳台》、《黄居宷山鹧棘雀图》等等。其书写有的墨书、有的泥金书，瘦金书体，布置疏密得体，笔划柔健，具有秀丽洒脱的风神，兼以不同纸色，有的配以泥金书，更增强藏品的艺术魅力。可以说这时题签进入了艺术时代。

明代画家和书家都非常讲求题签的艺术性，书体也出现多种多样。著名的书画家都喜爱题签，如文征明、王世贞、董其昌、陈继儒等都有题签传世。文征明常用隶书题署，其隶书方整，用笔劲挺，富有装饰效果。董其昌多以行楷书书签，风韵清朗淡雅。明末清初书法家王铎好收藏碑帖，他的藏品喜欢自己书签，如《淳化阁帖》题签，有的用隶书，有的用行草书，非常精妙。此外如王时敏、傅山等都有题签传世。古人书签大都不署书者姓名，自宋元以来多如此，今天我们看到一些明人书签，其中不乏精品，知为明人所书，但无署名，未免是一遗憾。

清代中期收藏金石碑刻之风盛行，拓本多有书家和金石家题签，旧拓善本藏家喜欢请鉴家品评题签，因此清代乾嘉道光之时，题签风格之丰富为前代所未有。这时期著名书家、金石家善于题签的有:王澍、金冬心、王文治、翁方纲、桂未谷、巴慰祖、黄易、梁章钜、伊秉绶、钱泳、张廷济、吴荣光、包世臣、郭尚先等等。金冬心的题签极富个性，其隶书和漆书变化多样，题于藏经纸或蕉笺纸上，可谓古雅绝伦。著名碑帖收藏家王楠“话雨楼”珍藏碑帖多有金冬心的题签。王鲲《话雨楼碑帖目录・序》说:王氏所藏之碑“一时名流如汪秋泉、金冬心、沈凡民、张文渔尝扁舟过访，评论古刻，而冬心翁尤深六朝分隶者也，其有当意者各署书而去”。金冬心自己收藏汉唐金石拓本数百种，多有自己的题签。翁方纲考订金石碑刻最为著名，著有《两汉金石记》，当时金石碑刻收藏家多请他鉴定题识，他的题签除楷书外，喜欢用隶书，他的隶书不多见，但题签上的隶书萧散古拙，似信手写来别有意趣。王文治书法意态婉美，秀润清丽，富有韵味。他精于帖学，当时收藏家多喜欢他的题签和题跋，他的行楷书题签异常秀美。姚鼐是一位著名文学家，他的书签秀而不媚，可谓独具风神。黄易是篆刻中西泠八家之一，他酷爱碑刻，于山东、河南一带山野间访碑寻刻，每有所得必亲自捶拓，并绘有《得碑图》。他捶拓之碑多有小楷自书小签，书法秀丽可爱。他富于收藏旧拓碑刻，其藏品多用隶书工写，他的隶书方正浑厚，纯从汉碑中得来，其签布局得体，为题签行家。书法家伊秉绶也精于题签，经他题的碑帖比较多，大都用隶书，结体博大，气格雄浑，其字划满布签条，署名用行草书，疏朗有致，整签方寸之中似有寻丈之势，这是他的特色，他人很难摹仿。张廷济也是清代著名收藏家，碑帖旧拓，片纸只字都极其珍稀，加以装裱，然后以旧纸题跋。他的题签富于变化，楷书喜用浓重之墨，大小参差，粗细相间，书法浑厚朴拙。隶书签面目极多，几乎每签都不相同，他对古文字有深刻的理解，故能灵活吸取和运用，如用汉代铜器铭文入签，新颖而又古雅。

清代晚期，学者研究金石之气未稍减，收集珍藏碑刻之风尤盛。如何绍基、吴式芬、陈介祺、潘祖荫、吴大澂、王懿荣、李文田、沈树镛、刘鹗、吴云、端方、徐郙、翁同和、杨守敬等，均富于碑刻收藏，对藏品的题签也更为重视。何绍基为清末著名书法家，藏有北魏《张黑女墓志》、唐《信行禅师碑》、《法华寺碑》等碑刻孤本以及其他著名碑帖多种，其藏品均亲为题签，或隶或楷，书法遒劲凝炼。吴式芬著有《攈古录》，收集金石一万八千余种，其藏品后毁于火，曾见烬余石刻拓片，都有其楷书小签，记品名及时代。陈介祺也是收藏金石大家，晚年题签用汉铜镜镜铭书体，书法风格别具一格。吴大澂题签除楷书名外，有用钟鼎文书写者，在当时也是独开生面的签题。李文田善碑体，方整劲健，有时也用隶书，风格古朴。沈树镛为清末善本碑刻最丰富的收藏家，他一生酷爱汉魏六朝碑刻，在京时和魏稼孙、胡澍、赵之谦等晨夕无间共同研究探讨碑刻文字，赵之谦曾刻"豁溪胡澍川沙沈树镛仁和魏锡曾会稽赵之谦同时审定印"，同时刻跋以记其事。他收藏碑刻拓本多重为装潢，配以磁青等色纸，古雅可爱，他自书题签外多请赵之谦书签，签多用旧纸，字体碑体外，有篆有隶。他自己的碑体书法，出入北朝，蕴藉敦厚，秀润可爱，篆隶虽受赵之谦的影响，也自有面目。赵之谦为清末题签大家，许多碑刻一经他品题便为之增色。赵之谦题签善于经营位置，书体也丰富多变，他用篆隶书写碑名，沉着痛快，署名用他创造的碑体或行书，生动活泼。赵之谦由于生活贫困，自己没有著名藏品，但当时著名藏家，常请他题签，所以流传的拓本，经他题签的不在少数。著名书法家篆刻家吴让之，书法师法包世臣，隶书承邓石如，他的题签隶书淳朴浑厚，当时请他题签的也比较多。清末篆刻家赵之琛的题签也很有风格，他的隶书中宫紧收，用笔瘦而劲挺，笔划开张而有姿致，在清末众多题签作家中，也是给人耳目一新的作家。莫友芝富于藏书，他的题签书体楷隶结合，很有新意。杨守敬也是一位碑刻收藏家，他的题签书法密处不厌其密，结体恣肆跌宕，看来比他写大幅书还要有意味。此外，如钱松的隶书，黄士陵的篆书，徐三庚、沈梧的《天发神谶碑》体的题签，都是很有新意的作品。

近代书法家中擅长题签的不乏名家，其中如沈寐叟、宝熙、章太炎、吴昌硕、陆恢、罗振玉、郑文焯、伊立勋、康有为、曾熙、李瑞清、赵叔孺、童大年、邵章、褚德彝、王福厂、罗复堪、张伯英、丁佛言、姚茫父、黄宾虹、于右任、吴芝瑛、高时显、杨昭儁、邓尔雅、齐白石、陆和九、马衡、陶北溟等都善于题签。其中吴昌硕的石鼓文、罗振玉的甲骨文题签可以说是前无古人。王福厂用汉铜器铭文，罗复堪用章草，赵叔孺、高时显之隶书，邓尔雅之钟鼎，于右任之草书也都别开生面。姚茫父富于碑刻收藏，藏本往往有他的长篇的评论题跋，他的题签书体多样，几乎每签都有不同的意趣。题签这块园地，经过明清到近代不断地耕耘，不断地开出艳丽的花朵。到现代题签仍是一块新园地。

关于题签，有"内签""外签"之分。外签为贴在封面上的签，内签是贴在册中附页的签。古人对题签非常珍惜，有的旧签原贴在封面上，为了保护往往移入册内；有的旧签已经残损，有的仅存片纸只字，收藏家也要重加修补，使珍贵的旧签得到保护，而在封面上再题上新签。这样藏品长期在递藏的过程中，册内的题签往往不断地增多。但有的藏家也喜欢请一些名人各题一件藏品的签，所以有的藏品也会有许多新签。如李文田珍藏金冬心原藏的《华山庙碑》，有周学和、姚鼐、赵之谦、李文田等人的题签，在李文田收藏之后代又增加数签。又如孤本汉《娄寿碑》，其题签多达六条，各种书体并陈，蔚为大观。收藏家对一件心爱的藏品，喜欢请鉴赏家或书法家、名人为它题写签条，这不仅是使藏品增加身价，而题签与藏品的结合，构成丰富多采的艺术趣味，从而也增加收藏的兴趣。有时题签还可证明这件藏品的原委，以及流传的过程，为藏品增添研究的实物资料。

题签常被一些人视为一种小道，其实其中别有天地。题签作为一种艺术，不是其他诸如卷轴、楹联等书法作品的形式所能代替的。题签的艺术创作有它的特点。题签除了书写者书法的造诣外，其字体以及位置的经营非常重要，这不是短短几句话所能说清楚的。题签有一定的格式，但精妙的题签常常出人意表地打破规定的格式。比如吴昌硕题唐拓武梁祠画像石，签题为“小蓬莱阁旧藏唐拓武梁祠画像残本”，另一边题：“一山先生属题于海上去驻随缘室安吉吴昌硕时丙辰仲秋三月”。两行字同等并列，一为圆转有致的石鼓文，一为笔划飞舞的行书，两者配合非常新颖，打破一般标题大而署名小、题在上署名在下的格式。这种突破旧题签的格式的签，在清代末年比比皆是。

流传的题签中也有伪签，这是过去碑帖商人为了营利，制造伪签藉以增加藏品的身价。也有将真的名人题签移置另外的拓本上，这些情况比较复杂，要识别题签的真伪，需要对题签者的书法，和对藏品有一定的研究，才能鉴别题签的真伪。

自己书写题签，只要对前人藏品多看多研究，很快就能掌握其基本知识。题签本身是一种表现书法的艺术形式，同时也是装潢艺术的一部分。所以要和封面的质地、颜色、尺寸相协调。前人对签的用纸比较讲究，清叶昌炽《语石》说：“题签以藏经纸为第一，白绫次之，泥金笺虽华烂，久之金屑脱落，字划亦损，转致黯淡无色。”《藏书纪要》也说“书签用宋笺藏经纸，古色为是，用深古色裱一层”。其实如无上述纸张，只要旧纸即可，如无旧纸可用新纸染色作旧。写好的签最好托裱一层，待干后裁齐即可粘贴。贴时注意位置，未粘贴前可先放在要贴的位置上，看看是否恰当，然后再刷浆粘贴。签的位置，按习惯可贴在封面居中上端，也可在封面的左上角，这要看封面的形式和尺寸。题签也有刻在木制（如红木、楠木等）的面或藏品的木匣上。锦制的藏品盒或蓝布的藏品盒粘贴签条，原则上和册页的贴签相同。

我喜欢收集碑刻拓本，也喜欢碑刻书法，数十年来接触较多，今就其中题签略记一二，为读碑小记之一。

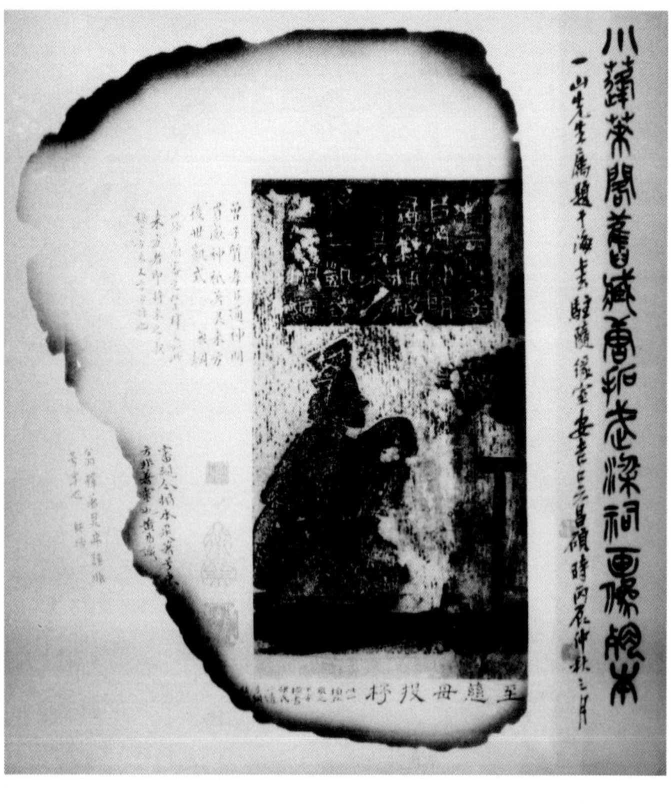

吴昌硕题武梁祠画像签

碑学的兴盛

秦公

自唐宋开始，文人士大夫为了日常应酬、上奏、科考，都练帖，讲究有一手体面的字。唐玄宗、宋徽宗等皇帝又爱好写帖，帖学一门在唐宋两朝有如日中天，特别的兴盛。写帖、刻帖，集字刻碑成风。由于玄宗酷爱王羲之的书法，得《兰亭序》后置于座侧，朝夕观览，招惹得天下人都去学王羲之的字，而且有好事者集王羲之碑字，摩勒上石，有人曾粗粗统计过，曾有过23种集王羲之字的刻石。当中最有名的是唐代的《怀仁集王羲之圣教序》。

《圣教序》是太宗李世民为玄奘翻译的经卷写的序。当时许多大书法家都抄写过这篇序文。怀仁是长安弘福寺内的僧人，善文好书，于是长安诸寺委托他向皇宫借王羲之书法作品，集王的字，凑成一篇《圣教序》。怀仁这和尚还真有点好胜之心，入宫集字24年，终于集摹成碑，请当朝高手诸葛神刀勒石，朱静藏镌字。现存唐代集字碑18通，都不及这块。而且，唐代虽存王羲之的法书尚多，但都被收入内宫，大家看不到，此碑一出，书坛老少，争相观摹。王的字现在不多见了，此碑为后人保存了众多王的遗笔，所以，王世贞说他是“百代楷模”，一点也不过分。

宋代与唐代略有不同，士大夫一面热衷帖学，一方面访碑收藏。他们不再是为了写一笔好字，应酬官场，收藏的目的是作学问，辨识古文，编排目录，通释文句，以补正史的不足。

宋代作官的人当中，在这方面著书立说且成绩斐然的大家，除了欧阳修、赵明诚和李清照夫妇、吕大临等，还有洪适写的《隶释》、《隶续》，郑樵的《金石略》，王象之的《舆地纪胜》。其中洪适写的两本书是现在最早辑录汉碑文的专著。

元代历史虽短，但元人潘昂霄所著的《金石例》，在宋人研究的基础上，对金石的体例，金石与制度的关系的探讨上，极有深度。特别是一位叫有贤的，为了考碑，只身游历大江南北，根据自己的访古考碑，写出《河朔考古记》。

明代一些作官的像宋代一样热衷收藏的著述，如宋濂写了《贞石志》，于奕正作《天下金石志》，赵涵撰写了《石墨镌华》等，文人书画家也热衷金石收藏。吴门画派领袖文徵明，把自己收藏的碑帖刊刻成书，名《停云馆帖》。董其昌刻了《戏鸿堂帖》，两人收藏的碑帖都达数百种。明代万历年间，《曹全碑》出土后，明代文人学汉碑隶书成风。

到了清代，一方面是刻帖的人越来越多，而且刻丛帖由于翻刻过多，佳本更加珍贵，作赝成风。

另一方面是文人书画家们从古碑断碣中，刻意搜求新体。如金农、郑板桥从汉碑中，创出了“漆书”和“六分半书”等新体。乾嘉之后，古碑大量出土，在朴学领袖阮元提出学碑体的召唤下，邓石如、伊秉绶、包世臣、赵之谦等大书家，接踵而生，从唐朝的碑刻中蜕变出新，形成了乾嘉的“碑学中兴”。“三尺之童，十室之祉，莫不口北碑，写魏体。”有关碑学的著作从顾炎武的《金石文字记》始，到清中期，多达 300 余种。

嘉庆十年刊刻成的《金石萃编》共 160 卷，收录了三代至辽金的石刻文字 1500 种，是金石学史上的巨制。它内容丰富，有存目、录文、摹写、跋尾等，弄得特完善。后人蜂拥而上，一心想超过《金石萃编》。

有一个叫陆增祥的，是江苏太仓人。入翰林院后，不干别的，一门心思地跟《金石萃编》较劲，用了一生的精力，写了一本《金石萃编补》和一本《补正》，光补正一书就有 10030 卷。

到了清末民初，碑刻学从金石学中独立出来，单成了一门。现在流传下来的金石学著作有 1000 多种。

（录自秦公著《秦说碑帖》）

集王羲之书圣教序

书法意境美的探索

——虞世南《契妙》赏析

王世征

唐初书论重大者，于欧阳询“尚法”著述之外，尚有虞世南和李世民的书论。虞氏代表性书论为《笔髓论》。李氏书论最有特色的是《王羲之传论》与《论书》：前者最 终确立了王羲之在中国书法史上至高无上的“书圣”地位；后者以“阵”喻书，突出强调了书法的“骨力”。此外，《笔法诀》、《指意》中论“意”的片断，与虞氏《笔髓论》中的文字或一致、或相同，体现了君臣二人书学观念的认同。虞氏的《笔髓论》，前几节主要阐释了真、行、草各体用笔的不同法则，精到而切要；篇末《契妙》一节，着重阐述了以“冲和”的意境美为中心的创作原理，精辟而深邃，体现了唐初书学由“法”到“意”、由“技”进“道”的宏观思考与新的高度。

所谓“契妙”，即契合于微妙的境界。“欲书之时，当收视反听，绝虑凝神，心正气和，则契于妙。心神不正，书则欹斜；志气不和，字则颠仆。其道同鲁庙之器，虚则欹，满则覆，中则正。正者，冲和之谓也。”虞氏提出要契合的“妙”境，就是“冲和”之美的境界；而欲契合这种境界，则需要创作主体持有“心正气和”的心态。“然则字虽有质，迹本无为，禀阴阳而动静，体万物以成形，达性通变，其常不主。故知书道玄妙，必资神遇，不可以力求也；机巧必须心悟，不可以目取也。”书法作品虽然必须借助有固定形体的文字来展现美，而杰出的书家所营造的艺术形态—迹却是超功利而无所追求的。它禀受天地的元气，体察万物的美感，而呈现千姿万态，这正是书道“玄妙”之所在。因而书家的创作不能拘拘就字形“力求”、“目取”，而须用“心”、“神”去遇合，参悟宇宙自然的大美、真美。“字形者，如目之所视也。为目有止限，由执字体，既有质滞。为目所视远近不同，如水在方圆，岂由（犹）水乎？且笔妙喻水，方圆喻字，所视则同，远近则异，故明执字体也。”虞氏进而以“方圆”（容器）与“水”，形象而精警地比况了“字”——即笔墨形态与“笔妙”——即意境的根本区别：笔墨形态是外表的、局部的、有形的、可视而仅限于目力所及的；而意境美则充溢、流贯于笔墨形态的深层，它是内在的、整体的、无形的、只能感知而不能直观的。它借助笔墨形态来体现，却又不受笔墨形态的限止；若只是拘执于笔墨形态，则无意境可言。——水在方则方，在圆则圆，岂是真水？“字有态度，心之辅也；心悟非心，合于妙也。且如铸铜为镜，明非匠者之明；假笔转（传）心，妙非毫端之妙。必在澄心运思至微妙之间，神应思彻。又同鼓瑟纶音，妙响随意而生；握管使锋，逸态逐毫而应。”虞氏认为，书作的笔墨形态所以富有美感，自然是书家审美修养的加工；而这美感的源泉还在于宇宙自然的“冲和”妙境之中。因而书家只有“澄心运思”而达到这“微妙之间”，书法创作才能“逸态”纵横，“妙响”联翩。虞氏最后总结说：“学者心悟于至道，则书契于无为。苟涉浮华，终慉于斯理也。”书家根本的创作途径，在于领悟“无为而无不为”的至道，则书作便会“思与神会，同乎自然，不知所以然而然矣”(李世民《指意》)。如果陷于表面形态的营求，最终不能领悟书道的真谛。

虞世南这节《契妙》十分深刻而精采，其高明之处，就在于他把道家“虚静无为”的根本观念直接而又巧妙地运用到书学上，从而揭示了书法创作的基本原理。《老子·三十七章》说：“道常无为而无不为。”老子的基本思想，或说他的“道”，就是“无为而无不为”。他认为，宇宙自然一切事物的产生、变化，都是无意识、无目的的，而其结果却都是合乎某种目的的。就是说，唯“无为”才能有所为。这一观念引发到艺术上，便道出了一切高层次艺术创作共有的特性：所有艺术杰作，虽由艺术家创造出来，却又浑然天成，而无人工斧凿的痕迹。因而书家进行创作时需保持一种超功利的审美心态，摒除今人所谓的“创作意识”，而“澄心运思至微妙之间”，才能不期然而然，创作出同于自然的美好作品来。那么艺术家美感的来源 又在哪里呢?那就是生成、化育万物的“道”，其宏观体现即是“冲和”的境界。“冲和”一语亦源自《老子》，《老子·四十二章》：“万物负阴而抱阳，冲气以为和。”所谓“冲”，就是“虚”。《老子·四十五章》：“大盈若冲，其用不穷。”《一切经音义·二十六》：“冲，虚也。”冲虚，就是虚静平和的气象，它是“道”的象征，也是弥漫天地的真气的体现。《老子·四章》：“道冲而用之，或不盈，渊兮似万物之宗。”“冲和”的境界近于虚无，其中却包罗万有，蕴藏着万象之美。正如老子对“道”的描述那样：“道之为物，惟恍惟惚。惚兮恍兮，其中有象；恍兮惚兮，其中有物。”至于如何汲取艺术美感，这就要参照老子“得道”的途径，所谓“涤除玄览”。(《老子·十章》)“涤除”即洗除尘垢，去尽一切私欲、杂念，“致虚静，守敬笃”(《老子·十六章》)，就是虞氏所说的“心正气和”；“玄览”即深远观照，就是虞氏所说的“神遇”、“心悟”。非“心正气和”便无从吸纳，非“神遇”、“心悟”更无从感知这“冲和”之美。总之，“道的自然无为的原则支配着宇宙万物，同时也支配着美和艺术现象，是美与艺术创造必须遵循的根本原则”。(李泽厚、刘纲纪《中国美学史》)在虞氏看来，学习“书道”的过程，即是参悟“至道”的过程，它要求书家摆脱一切功利追求，潜心体悟宇宙自然之至美。

“冲和”作为一种美感境界，至大、至高，它涵融着灵和、静穆、蕴藉、萧散、简远、淡泊等诸方面的美。它气象超远而又蕴含哲理，是宇宙万物总体的冥冥之象。在书法艺术的审美品格上，“冲和”之美是以王羲之为代表的传统书风的正脉。在初唐崇王的盛大风气中，作为王氏书风的嫡传(虞氏曾亲受羲之七世孙智永的传授)，虞氏标举“冲和”的意境美，即是对王氏书风的无上推崇。这从后人对王书的品鉴可以看出来。如孙过庭评王氏：“思虑通审，志气和平，不激不厉，而风规自远。”(《书谱》)张怀瓘评王书：“其道微而味薄，固常人莫之能学；其理隐而意深，故天下寡于知音。”(《书议》)刘熙载评曰：“右军书‘不言而四时之气亦备’，所谓‘中和诚可经’也。”(《书概》)而虞氏自身的书风亦承续王氏一脉，故清人周星莲评曰：“王右军、虞世南字体馨逸，举止安和，蓬蓬然得春夏之气，即所谓喜气也。”(《临池管见》)要之，王氏书风所以高卓，全在其书法艺术超妙的意境之美。

书法的意境美是书法作品的内涵美，它是书法艺术形态美中所蕴含的内在的、整体的美感境界，也是书家主观情意与客观物境水乳交融而形成的总体艺术氛围，它涵盖着意趣、气韵、神采等表现客体自然美与主体精神美的各个方面。虞氏继承东晋以来的“尚意”观念，重“法”而又超越“法”，对“意”做了进一步的探求。他在《笔髓论》的《指意》一节，就引用晋人虞安吉的话说：“未解书意者，一点一画皆求象本，乃转自取拙，岂成书耶！”李世民也在其《指意》篇中发挥说：“纵放类本，体样夺真，可图其字形，未可称解笔意。此乃类乎效颦未入西施之堂奥也。”所谓“象本”、“类本”，即只追求字形相象于规范的写法或前贤的法度。（按：“本”，当即张怀瓘“为书之妙不必凭文按本”之“本”。）虞氏明确指出，相比于“法度”，“书意”才是书法创作的最高追求。这就道破了书法之为艺术的根本。这一点，刘熙载看得很清楚，他评道：“虞世南作《笔髓》，其一为《辨意》（按：即《指意》一节）。盖书虽重法，然意乃法之所受命也。”而虞氏论“意”，由局部的“笔意”拓展到全局的“书意”——即书法艺术的总体意境美，并提出了以“心正气和”之心态去“悟”宇宙自然“冲和”之美的创作原理，这无疑是对“尚意”书论的重大贡献。

虞世南书汝南公主墓志

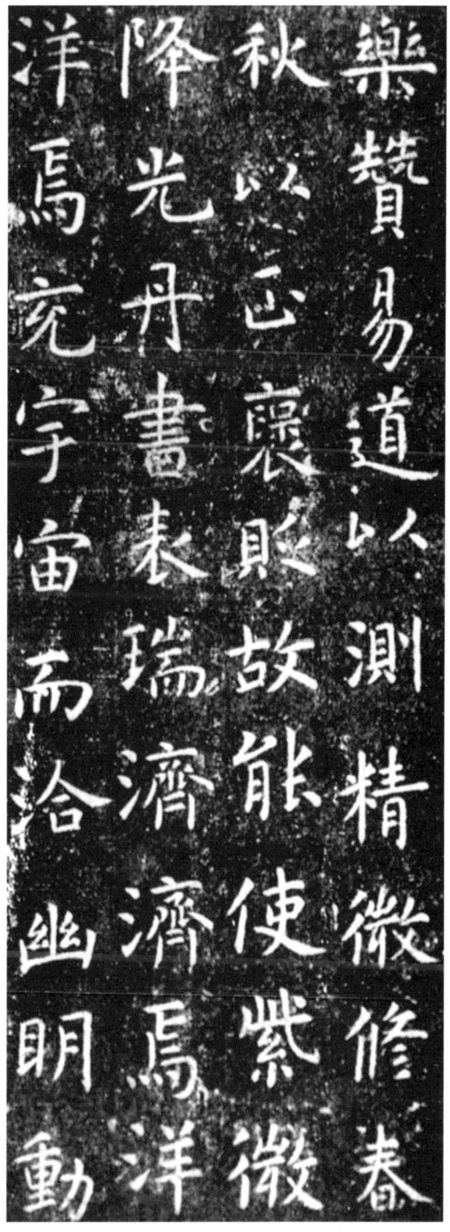

虞世南书夫子庙堂碑

北京市书法家协会2000年度工作总结

2000年是二十世纪的最后一年。在这一年中北京市书法家协会在市文联的直接领导下，高举邓小平理论伟大旗帜，认真贯彻党的十五大和全国九届人大会议精神，以江主席"三个代表"的重要论述和市文联的一系列指示为指导，按照"民主、团结、鼓劲、繁荣"的八字方针，紧紧抓住繁荣祖国文化、弘扬民族艺术这个中心，不断改革创新，使书协的全面建设取得了可喜的成绩和进步。

一、比较圆满地完成了全年的各项任务

遵照"民主、团结、鼓劲、繁荣"的工作方针，首先抓了领导班子的建设，坚持每月一次主席团例会制度，研究问题，加强学习，敞开思想，沟通信息，从而加强了团结、鼓舞了士气、调动了各方面的积极性。使得书协各方面的工作计划得以实施。

1、展览工作取得了新的进展。先后搞了"北京市少儿临帖书法展"、"纪念抗日战争胜利55周年书法美术作品展"、"迎接新世纪北京书法艺术大展"等。既配合了政治形势，又展示了我们的书法艺术水平，从中发现了许多优秀人才。尤其是少儿展，摸清了北京市雄厚的书法后备力量，在此基础上成立了北京市少年儿童书法艺苑，对有的少年儿童重点进行培养。为搞好迎接新世纪书法艺术大展，同时为配合全国八届中青展，认真组织了两次书法创作研讨会和两次刻字艺术研讨会，培训了70多人，保证了展览的水平，反映了北京市的书法全貌。

2、理论研究工作进一步开展。今年组织了两次书法理论研讨会，集中对书法继承与创新方面进行了探讨，撰写了八篇有质量的论文，陆续在《北京书法》报上发表，引起了较大的反响。使会员在创作思想上、审美趋向上、创作方法上有不同程度的提高。组织了一次大型理论报告会，举办了刘炳森先生关于"宏扬主旋律，倡导传统书风"的专题讲座，深受广大会员的欢迎，影响较大，甚至在全国也引起了一些波澜。对于端正书风起到了重要作用。

3、出版工作取得了可喜成果。1999年《北京书法艺术年鉴》比往年提前了三个月出版发行，编辑部做了细致的工作。本期年鉴在内容上增加了对新老书家的宣传，推出了四位老书法家(含已故书家)和四位优秀的中青年书法家，供会员学习与借鉴。《北京书法》报如期出刊，成为书协重要的宣传阵地，起到了发布书协动态、沟通书协与会员之间联系的桥梁作用。

4、组织工作深入细致。2000年对新发展的一批会员办理了入会手续，召开了新会员见面会。整理了新老会员地址，输入电脑，便于查阅。协助中国书协完成了收集、核对"电脑库资料"的工作，以及办理了所属中国书协会员、北京书协会员会费收缴工作。另外，从改革的实际出发，2000年我们聘任了一名兼职副秘书长，从而加强了领导力量。这是一项人事制度的改革。为此，文联党组颁发了聘书并下发了关于聘任兼职副秘书长的有关文件在各协会加以推广。

5、妇女书法活动逐渐活跃。召开了第一次北京书协女书家联谊会，有35名女会员携带自己精心创作的作品进行交流，同时还召开了女会员创作研讨会。组织部分女会员到西安碑林参观学习，增强了大家的文化素养，取得了明显的效果。

6、与市场经济接轨，做了有益的尝试，取得初步效果。一是举办展览适当收取参评费，节约了部分展览费用；二是青少部组织“书法精品进万家”展销活动，以老百姓能接受的价格回报消费者，回报社会，反映很好。三是艺术交流部组织一场书法作品专场拍卖会，拍出作品45幅，收入近六万元，书协适当提取比例。四是组织书法家与企业联谊笔会，取得社会和企业的支持，为书协创收，仅此一项，今年协会创收十万多元。

7、文化下乡活动具有新特色。春节前夕，组织了三次“文化下乡”为远郊区县的乡亲们送春联千余对。同时书协还参与了北京市“欢庆龙腾新千年，十万春联献京城”公益文化活动，承担了平安大道春联一条街的书写任务，选派20名书法家，写了300多幅春联，为平安大道的居民和商店增添了新春佳节的喜庆气氛。由于书协积极参加历次文化下乡活动，做出了较大的成绩，2000年被市委宣传部评为“三下乡先进集体”，并颁发了奖杯。

二、加强书协思想作风建设，取得了较好效果

2000年对于市书协来讲是成果比较丰硕的一年，是工作有所创新的一年，是各项工作生动活泼的一年。这些成绩的取得与领导的支持和全体会员的努力是分不开的。我们深切体会到书协领导班子在新的形势下，解放思想，转变观念，把繁荣文化艺术同适应市场经济、发挥自身优势、壮大书协实力结合起来，形成一条正确的工作思路是最关键的问题。在加强思想作风建设上，我们主要抓了以下几方面的工作：

1、加强团结，增强书协凝聚力。在改革与发展的新形势下，书协的任务是繁重的，然而书协又是一个群众性的专业团体，具有人员分散、专职人员少的特点，因此，加强团结、统一思想、步调一致，才能保证各项任务顺利完成。2000年我们非常重视抓好团结、改善内外部关系问题。首先是班子内部经常沟通思想，坦诚相见，严格要求自己。同时，针对协会存在的问题，领导分别找会员谈心，征求意见，改进工作方法。宣祥鎏主席在三月份理事会召开之前，亲自主持召开了中青年骨干座谈会，主席团成员与骨干集体谈心，对于统一思想，加深理解，增强团结起到了重要作用。

2、充分发扬民主、调动多方积极性。

“联络、协调、服务”是书协工作的重要任务，服务是书协工作永恒的主题。只有充分发扬民主，依靠和调动各工作部门的积极性，才能提高服务质量，做出可喜成绩。我们按照年初理事会审议通过的工作计划，进行层层分解，落实到各个工作部门，各部门再落实到每个人，增强工作的透明度和计划性。协会负责协调检查落实好各项工作，这样既充分发挥了各部门的职能作用，又保证了工作的顺利进行。

我们在工作中注意听取群众意见，提高了服务质量。比如，有的同志时展览工作提出了意见，要通过展览带动和提高会员的创作水平。为此，主管展览工作的副主席张书范与展览部的同志一起，在展前搞了二次书法创作研讨会，集中培训了60多位中青年骨干，从而保证了展览的质量、提高了创作水平。

3、建立健全的工作制度，提高管理水平。

书协驻会人员少、工作头绪多，要体现工作高效率，必须建立切实规范的工作制度。2000年我们做到了月初有工作计划，月底有总结，再打印上报文联党组。坚持每月一次主席团例会制度，研究和落实工作计划、讨论重要事项。书协机关建立了每周一次办公会议制度，研究工作，做好分工，抓好落实，增强了工作的条理性和责任心，做到事事有人管，即使对会员的来信、来访都做到认真对待，过细处理，服务到位。

4、抓好自身发展，壮大经济实力。结合市文联工作会议关于在新形势下如何生存发展问题，主席团多次研究讨论，如何转变观念，面对市场经济新形势，发挥自身优势，真走出一条生存发展之路。2000 年采取了一些新举措，如展览收费、与企业联谊笔会，精品展销，专场拍卖等。收到 较好的效果，既扩大了书协的社会影响，又增加了一定的经济实力，使我们工作更加充满生机。虽然是初步尝试，但看清了书协工作的发展方向。

回顾一年来的工作，虽然取得了一些成绩，但由于思想还不够解放，主观努力不够，致使有些工作不尽如人意。比如《二十世纪京华名人遗墨》和《北京篆刻家名鉴》由于资金问题未能按时出版，理论和创作评奖工作未能完成。有的工作部门还没有充分发挥积极性、主动性。需要认真加以改进。

2001年工作计划要点

2001年是新世纪的开端,在新的一年里,书协工作的指导思想是:高举邓小平理论伟大旗帜,贯彻落实江泽民同志关于"三个代表"的论述,坚持先进文化的前进方向,坚持"二为方向"和"双百方针",在文联党组直接领导下以繁荣社会主义文艺为中心,弘扬主旋律,提倡多样化;热情服务、深化改革、增强团结、促进发展,努力开拓首都书法工作的新局面。

一、组织好纪念建党80周年的活动。

今年是中国共产党建党80周年,为了纪念这一节日,展示文艺成就,市委宣传部、市文联、市文化局将联合主办"庆祝建党80周年书法、美术、摄影、民间艺术精品展"。书协作为承办单位之一,要积极组织好书法部分的展览,以歌颂党的光辉历程和社会主义现代化建设成就,特别是首都发生的巨大变化和人民群众昂扬向上、积极进取的精神风貌为内容,号召广大会员和书法爱好者踊跃投稿,创作出思想性、艺术性俱佳的艺术精品向党的80周年献礼。将在7月3日至12日在中国美术馆展出。

二、利用自身优势,大力支持北京申奥。

申办奥运。不仅是北京,而且是全国的一件大事,我们要按照市委、市政府的要求,结合协会特点,开展有利于促进申奥的活动。计划于6月1日在天安门广场组织千名少年举办"迎奥运绘千米长卷——祖国颂"大型申奥活动。7月份组织一次大型书法笔会向奥申委捐赠作品,为申奥成功做出贡献。

三、抓好展览工作,进一步繁荣书法创作。

1、配合"中国书法家协会成立二十周年系列活动",四月份举办北京书协"中国书协会员作品展评",从中选出25件优秀作品,参加中国书协举办的"中国书法家协会会员优秀作品展"。

2、"中日友好书法展",为加强对外交流,北京书协与日本国东京妍墨书道会共同举办"中日友好书法展"。日方作品参展100件,北京参展作品80件(其中少年儿童作品30件),8月20日至26日在中国美术馆展出。

3、"北京—宁夏书法展",为了配合开发大西北的战略布署,五月份与宁夏书协举办"北京—宁夏书法展"。双方各参展70~100件作品,展出地点在北京市劳动人民文化宫。九月份再赴宁夏展出。

四、抓好组织建设,促进人才成长。

1、做好各部委及《北京书法》报的人员调整充实工作。选拔事业心强,有活动能力,群众威信较高,勇于奉献的会员充实到各个部门。

2、以改革的精神做好今年的新会员发展工作。要改进工作方法,积极地、主动地把够条件的书法爱好者吸收进来。

3、认真组织好基层书协先进单位的评选工作。

4、组织评比和推荐中国书协"德艺双馨"会员的工作。

五、抓好理论研究工作，全面提高会员理论水平。

1、围绕“弘扬主旋律、倡导传统书风”，召开一次理论研讨会。

2、组织评选理论研究和书法创作奖活动。

3、配合“首届中国书法兰亭奖”评奖活动，组织写好论文，积极投稿。

4、召开一次女书家书法创作研讨会，为迎接全国妇女书法展做准备。

六、抓好出版工作，大力宣扬北京地区的书法业绩。

1、2000年《北京书法艺术年鉴》在上半年完成。

2、积极筹集资金，尽快出版《二十世纪京华名人遗墨》大型书法集。

3、下半年出版《北京篆刻家名鉴》。

4、认真做好《北京书法》报的编辑出版工作。充实编辑力量，广泛征集稿件，坚持正确的舆论导向，坚持办刊宗旨，突出主旋律，促进文艺繁荣。

七、抓好宣传教育工作，进一步树立书协良好形象。

1、对书协的重点活动要及时宣传报导，对重要活动在报刊上发专题和专版，做深层次报导，扩大书协的社会影响。

2、利用各种宣传形式，推出一批北京书协的代表人物，尤其是比较优秀的中青年书法家。

3、认真抓好北京市少年书法艺苑工作。落实艺苑的会址和活动场所，做好年度计划，组织好教学及假期活动。

4、继续做好“三下乡”工作和社会公益性活动，探索一条为社会服务的新路子。

5、适应市场经济，建立多种渠道，进一步开拓市场。组织一次秋季书法精品拍卖会。

要做好今年的工作，关键在人，在于领导班子和各位理事。我们要按照江泽民同志“三个代表”的要求，解放思想，更新观念，团结一致，开拓进取，在如何适应社会主义市场经济发展上探索一条新路。在新的世纪，为繁荣首都书法事业做出新贡献。

中国书法家协会 第四届主席、副主席名单

(2000年12月21日中国书法家协会四届一次理事会选举产生)

主　席:沈　鹏
驻会副主席:张　飙
副主席(共13名,以姓氏笔划为序):
申万胜　朱关田　旭　宇　刘炳森　何应辉　张　海　陈永正　林　岫(女)　周慧珺(女)
钟明善　段成桂　聂成文　尉天池

中国书法家协会第四届理事会理事名单

(2000年12月21日中国书协第四次全国代表大会第四次全体会议选举产生)

(共128名,按姓氏笔划为序)
丁振来　于小山　马学智(回族)　王　敏　王　精(壮族)　王　澄　王　镛　王玉玺　王冬龄
王治国　王宝贵　王荣生　王祥之　王家新　王楚材　方延年　方茂鸿　田树苌　申万胜
尼亚孜·克里木(维吾尔族)　吕如雄　朱平壤　朱关田　朱守道　刘　阳(女)　刘正成　刘洪彪
刘炳森　刘普选　刘新德　孙宝发　孙晓云(女)　达瓦次仁(藏族)　伦杰贤　旭　宇　杨　霜
杨西湖　杨炳延　苏士澍　李　翔　李刚田　李尚才　李京盛　李荣海　吴　竞　吴东民　吴建贤
吴善璋　何应辉　谷　溪　言恭达　沃兴华　沈　鹏　宋华平　宋慧莹(女)　张　虎　张　海
张　继　张　森　张　飙　张书范　张业法　张有清　张旭光　张传凯　张良勋　张坤山　张建会
张荣庆　张桂光　张景岳　陈永正　陈汉昌　陈秀卿(女)　陈奋武　陈洪武　陈振濂　陈羲明
武春河　林　岫(女)　林建勋(壮族)　林锡纯　苗培红　范　硕　郁志桐　罗　杨　金伯兴
周永健　周慧珺(女)　孟令芳　胡抗美　赵　正　赵立凡　赵彦良　赵洪俊　赵隽明(赫哲族)
赵望进　钟明善　钟增亚　段成桂　洪厚甜　贺中祥　聂成文　贾起家　顾亚龙　郭　伟
郭雅君(女)　唐云来　涂廷多　黄　惇　黄德琳　崔廷瑶　康　庄　康新民　尉天池　韩天衡
喻贵森　舒关关　曾来德　蒯　宪　詹冰莹(女)　蔡祥麟　熊伯齐　翟万益　薛　铸
薛夫彬(回族)　魏　哲　魏天雪

迎接新世纪北京书法艺术大展

入选作者名单

谷溪　白兆贤　冯超　孙浩　陶亚平　郭东亮　岳志澄　赵桐　常金英　杨福忠
曾翔　侯双亭　路世明　曾辉　李松　高宝玉　马乾　赵发潜　陈翰彬　刘莹
张铁甲　李有来　程茂全　倪进祥　张贺顺　沈莉　虞晓勇　买鸿君　常宝刚　邱军
陈孟康　苗培红　王文英　张杰　骆建宏　薛夫彬　安福存　盛绳武　安迪　韩宪昭
曾正国　吕云芝　李瑞雯　王万亮　陈继鸣　张若肸　王连河　贾凤才　杨广馨　刘渐丰
马云　张秉文　李大明　李景峰　熊其昌　陈绪森　刘楣洪　张卫　杨建平　王世征
刘清溪　郭荣健　曹海波　崔学路　王京涛　刘靖　王立志　石宝稳　赵宝宏　王金绵
何镜铭　刘京生　王志革　张书范　龙开胜　尚卿全　张永明　周伟　刘宝柱　张树栋
李长河　杨学琪　王祖诤　王之鏻　刘军　张平　陈国振　曹新元　孟令芳　宫双华
梁致章　王新民　崔胜辉　黄群　冷万里　甘珉　王春云　解志强　张旭　佀明亮
易海云　于伟　宣祥鎏　马明钧　魏元祥　朱向飞　唐利军　李羊民　孙曰休　李占先
梁建华　牛宝林　王小三　钱宏华　潘光　张瑞鹏　程紫林　蔡维民　刘学勤　宋国庆
李志　佟岩林　张有清　来福永　李长贵　彭利铭　李全　严复民　张富全　严晓明
王学岭　张宪安　刘炳申　庞兰田　袁鹤松　赵永和　陈同军　赵鼎朴　左长友　吴砚君
冯俊来　刘振清　尹言　廖廷健　孟繁禧　闫美玲　生存义　王兴家　吕品　张又栋
陈华　李晓军　刘振英　段志华

北京市纪念抗日战争胜利55周年书画展

获奖作者名单

一等奖：沈　莉　崔学路　李有来

二等奖：苗培红　王金绵　尚卿全　杨建平　侯双亭　解志强

三等奖：陈翰彬　杨学琪　张　卫　刘渐丰　曾　翔　龙开胜

入选作者名单：

卜希旸　张有清　薛夫彬　吕　品　张贺顺　李长河　孟繁禧　周　杰　王春云　严晓明

宣祥鎏　张书范　张永明　佀明亮　张梦楼　杜维钧　刘　莹　曾　辉　常金英　马　云

袁鹤松　陈继鸣　贾凤才　杨福忠　王连河　马　乾　生存义　刘　军　阎心灵　杜振犆

李建伟　安福存　魏　峰　曹佳林　张铁甲　彦　涵　林　凡　陈偖森　王宝顺　陶亚平

赵宝宏　冯　超　郭景兴　刘晓北　崔胜辉　张　利　黄　群　荣寿涛　张树栋　姚祖庆

姚咏梅　王万亮　冷万里　蔡大永　王祖净　魏元祥　刘　靖　刘俊京　赵　桐　潘传贤

陈东华　孙振绂　韩宪昭　张振生

全国第八届中青年书法篆刻家作品展览

北京市书法家协会会员获奖、入展名单

一等奖：曾　翔
二等奖：李有来
三等奖：杨建平
入展作者：沈　莉　王文英　王京涛　刘渐丰　宫双华　李　松　李晓军　黄　群

北京市第一届少年儿童临帖展览

获奖者名录

一等奖：（18 名）

A 组：王雨溪　杨晓鹤　王静雯　刘　毅　袁梦泽

B 组：刘　楠　韩　冰　刘　畅　杨安妮　李　驰　曹雨辰　谷丽婷

C 组：马　腾　王　宁　荆　靖　李　怡　晏　然　曾文赓

二等奖：（32 名）

A 组：李嘉琦　齐　森　王　腾　杜靖华　许　诺　苏斯瀚　刘迪康　崔　延　戚纤云　宋　洋

B 组：王明明　李子煜　孙梦梦　张一鸣　刘　然　郑立乔　郭　君　王天肃　叶希白　王　宇　李博洋　孟　潇

C 组：吴　瑕　夏　梁　张　羽　王　诺　王　飞　刘　赫　徐　琛　金旻晖　吴　昊　宋　峥

三等奖：（54 名）

A 组：戴　岳　周京精　曾湜旭　张宇洋　吴　恒　刘玉晨　徐茹媛　孙文韬　潘　艺　肖　毅　孟　醒　周绍西　燕　琨　杜　磊

B 组：张航航　赵思洋　方妮娅　叶　彤　卢　芳　赵　丹　宋松乔　洪　娟　张　明　包梦怡　张一哲　刘诗瑶　杨　帆　裴　彤　崔婧妹　颜世琼　迟　菲　李　亢　王　浩　纪　旭

C 组：白　天　孙　妍　赵子昱　张　硕　张　倩　魏　然　欧　娜　史晓晨　刘　颖　李　垣　姜　⿰月虎　于　洋　王　瑶　沈　⿰月虎　余昊章　王　路　姚仁达　李萌薇　胡　帅　陈　羽

北京书协会员发表论文专著和出版字帖专集情况统计

李自星

《李自星楷书结构要诀》·1999年8月·西苑出版社

李晓军

“书法的空间”·2000年8月·北京书协·《北京书法》报第8期

王　永

《王永书画集》·2000年6月·北京体育大学出版社

张同印

“谈书法能力的培养”·2000年7月·《中国书法》报第7期

“隶书名称的历史沿革辨析”·2000年11月·上海书画出版社·《书法研究》第六期

“关于书法史基本框架的思考”·2000年6月·大连出版社·《书法教育研究文集》

孙瑞明

“怀素小草千字文赏析”·2000年12月·北京书协·《北京书法》报

贾诚隽

“石刻杂谈”·北京书协·《北京书法》报第8期

王学俊

《王学俊书法作品集》·2000年5月·国际文化出版公司

王友谊

《篆书章法》·中国书店出版社

《诸葛亮前后出师表》·中国文联出版公司

《王友谊、张锡庚书沈鹏诗词选》·安徽美术出版社

龙黔石

《龙为什么会存在》·2000年1月·中国民族出版社

《中华龙》书画册·2000年1月·中国民族出版社

孙敦秀

“‘笔’字考与论”·2000年7月·中国国际文化交流出版社·《国际优秀论文集》

沙　宁

《沙宁书法集》·2000年10月·中国社会出版社

于魁荣

《颜体楷书唐诗字帖》·2000年12月·中国广播电视出版社

《柳体楷书唐诗字帖》·2000年12月·中国广播电视出版社

《欧体楷书唐诗字帖》·2000年12月·中国广播电视出版社

《赵体楷书唐诗字帖》·2000年12月·中国广播电视出版社

王振东

“版纳风情书画随想”·2000年5月·《中华锦绣》杂志

曹新元

“翰园勤耕耘、慧眼识奇葩”·2000年6月29日·《中国书画报》

“国展菁华—心源”·2000年10月17日·《青少年书法报》

王春云

“书家修养是书法创作的文化底蕴”·2000年2月·《书法导报》

“当代书家的文化素养”·2000年2月·北京书协·《北京书法》报第5期

刘晓北

"'勤礼碑'疑难字例学法研究"·2000年12月·北京书协·《北京书法》报第10期

李克英

《履痕记韵》诗词集·2000年12月·作家出版社

苗培红

"晋人书论的历史地位"·2000年6月·中国书协培训中心·论文集

虞晓勇

"论书法的神采"·2000年12月·上海书画出版社·《书法研究》

杜维钧

"浅议碑与帖"·2000年10月·《中国艺术报·书法学报》

"清雄健举·瘦硬通神—略论罗复堪先生书法艺术"·2000年5月·《书法导报》第22期

薛夫彬

"笔缘石趣记"·2000年11月·《书法导报》第42期

李鑫华

全国中等师范《美术》教材第二册篆刻部分·2000年8月·人民教育出版社

刘立山

"论艺术走向市场"·2000年1月·《科学中国人》杂志

王宝洺

《书法与养生》·2000年2月·中国城市出版社

张永明

"书法创作用字必须规范"·2000年·北京书协·《北京书法》报连载

《书法大世界》(篆书)·2000年11月·中国少年儿童出版社

《西周金文五种解析字帖》·2000年12月·新时代出版社

谷　溪

"神融笔畅·章草薪传——郑诵先书法艺术述略"·2000年8月·《书法》第4期

北京书协会员参展和举办个展、联展情况统计

吴经缘

吴经缘书法展·2000年3月28日·门头沟区文联展厅·门头沟区文联·北京矿区工会

王宝洺

王宝洺师生书法展·2000年6月·中国体育博物馆

王　珍

王珍、杨志辉、陈仲华书画展·2000年4月10日·山东威海·山东威海市海外联谊会

李晓军

第二届北京十月书法展·2000年11月·北京东岳庙·北京民俗博物馆

全国第七届书法展·2000年1月·中国美术馆·中国书协

全国第八届中青展·2000年12月·中国美术馆·中国书协

王立志

第二届北京十月书法展·2000年11月·北京东岳庙·北京民俗博物馆

千人千作展·2000年12月·中国美术馆·中国书协·全国奖

王友谊

第二届北京十月书法展·2000年11月·北京东岳庙·北京民俗博物馆

西城第二届中青展·2000年7月·北京音乐厅·西城书协

全国第八届中青展·2000年12月·中国美术馆·中国书协

龙黔石

龙黔石书画展·2000年1月·中国历史博物馆·中国书画家联谊会

龙黔石书画邀请展·2000年4月·河南濮阳市·河南濮阳市委宣传部

曾　翔

北京八人篆刻展·全国名家篆刻展·2000年1月·中国美术馆·青少年书画报社

胡抗美、徐海、曾翔书法联展·2000年5月·河北省博物馆·2000年8月·海南书画院展览馆·海南省委

第二届北京十月书法展·2000年11月·东岳庙·北京民俗博物馆

十人书法联展·2000年12月·中国美术馆·北京书画艺术研究会

全国第八届中青展·2000年12月·中国美术馆·中国书协·一等奖

沈　莉

第二届北京十月书法展·2000年11月·东岳庙·北京民俗博物馆

全国第八届中青展·2000年12月·中国美术馆·中国书协

弓　超

傅耕野、马季、郭兴华、弓超等六人书画展·2000年1月·北京国际艺苑美术馆

弓超、马军书画展·2000年1月·王府井北京画店

王振东

王振东书画作品展·2000年3月·北京郡王府网球馆·中国三峡画院、北京书协、郡王府网球馆

邵玉铮

邵玉铮书法展·2000年11月·中山市博物馆·中山市书协

李克英

三人书画展·2000年3月·广东普宁·普宁市政府

北京四城区书画联展·2000年8月·中国美术馆·四城区书协

宫双华

全国第八届中青展·2000年12月·中国美术馆·中国书协

王文英

全国第八届中青展·2000年12月·中国美术馆·中国书协

薛夫彬

全国第七届书法展·2000年1月·中国美术馆·中国书协

2000年书法大展·2000年12月·中国美术馆·中国书协

全国第八届中青展·2000年12月·中国美术馆·中国书协

中日书家世纪邀请展·2000年6月·西安·中国书协

王　永

北京四城区书画联展·2000年8月·中国美术馆·四城区书协

贾诚隽

北京四城区书画联展·2000年8月·中国美术馆·四城区书协

李荣玉

北京东城书画展·2000年10月·东城文化馆·东城书协

李金声

丰台区书法精品展·2000年4月·中国美术馆·丰台区政府

左长友

入选全国第八届中青展·2000年12月·中国美术馆·中国书协

李　祥

怀柔县十老人书画展·2000年10月·怀柔县文化馆·怀柔县书协美协

杨福中

入选全国第八届中青展·2000年12月·中国美术馆·中国书协

解志强

入选全国第八届中青展·2000年12月·中国美术馆·中国书协

虞晓勇

入选全国第八届中青展·2000年12月·中国美术馆·中国书协

李有来

入选全国第八届中青展·2000年12月·中国美术馆·中国书协

张宝全

入选全国第八届中青展·2000年12月·中国美术馆·中国书协

第二届北京十月书法展·2000年11月·东岳庙·北京民俗博物馆

刘渐丰

全国第八届中青展·2000年12月·中国美术馆·中国书协

第二届北京十月书法展·2000年12月·中国美术馆·北京书画艺术研究会

贾凤才

入选全国第八届中青展·2000年12月·中国美术馆·中国书协

陶亚平

北京市四城区书画展·2000年8月·中国美术馆·四城区书协

苗培红

第二届北京十月书法展·2000 年 11 月·东岳庙·北京民俗博物馆

艾庆云

艾庆云书画作品展·2000 年 5 月·北京紫竹院公园·紫竹院公园管理处

米志寰

米志寰中国书画展·2000 年 6 月·昌平区文化馆·昌平区文化文物局

张顺芝

张顺芝书法作品展·2000 年 3 月·琉璃厂鹿鸣阁·宣武区文化文物局·宣武区书协

冷万里

西城第二届中青展·2000 年 7 月·北京音乐厅·西城书协

北京四城区书画联展·2000 年 8 月·中国美术馆·四城区书协

刘楣洪

第二届北京十月书法展·2000 年 12 月·东岳庙·北京民俗博物馆

北京八人篆刻展·2000 年 1 月·中国美术馆·中国书协篆刻委员会

入选全国八届中青展·2000 年 12 月·中国美术馆·中国书协

北京书协会员境外讲学访问交流情况统计

张有清

韩、中书法交流展·书法教学交流·2000年2月13日至22日·韩国汉城·韩国国际书法艺术联合韩国本部

书法交流·2000年9月25日至10月9日·美国华盛顿地区华人社区联盟·中国文化节组委会·美中国际文化交流中心

生存义

中国文化艺术代表团·2000年9月25日至10月9日·美国华盛顿地区华人社区联盟·中国文化节组委会·美中国际交流中心

石宝稳

书法艺术交流2000年7月18日·朝鲜少年宫·中国北京书画家协会

谷　溪

应日本白扇书道会种谷扇舟先生邀请，2000年8月30日赴日本千叶市参加第18回中日友好书法展。

龙黔石

参加中韩书画交流展·2000年9月·韩国济州·中国书画艺术协会

艾庆云

艾庆云书画作品展、中国书法与笑竹·2000年6月·澳大利亚墨尔本·澳洲金钟广告公司

魏　峰

2000年海峡两岸名家书画展·讲学《甲骨文书法艺术》·2000年10月29日·台北中山纪念堂·中华文化会、台湾美协

陶亚平

书法交流·2000年9月25日至10月9日美国华人社区联盟·中国文化节组委会·美中国际交流中心·美中国际文化交流中心

舒乃仁

赴韩参加韩国国际美术交流大展·2000年5月16日至22日·韩国·韩国国际美术交流协会

北京书协2000年大事记

△北京书协举办“新千年新春联谊会”

1月22日下午，北京市书法家协会在民革中央礼堂召开了“新千年新春联谊会”。到会佳宾和会员近300人，大家欢聚一堂，喜迎新春。应邀出席联谊会的领导和佳宾有：中国书协副主席刘艺、中国书协理论部主任于曙光、中直书协副主席邹德忠、市委宣传部文化处处长王文光、副处长张厚美、市文联党组副书记李琴华以及书协主席宣祥鎏等。宣主席首先致词，刘艺、李琴华做了热情洋溢的讲话，市文联党组书记吕浩材同志写来贺信向大家祝贺新春，肯定了书协一年取得的成绩，并提出了殷切的希望。联谊会上还演出了精彩的文艺节目。

△市书协组织书法家下乡写春联

1月31日、2月1日北京书协两次组织书法家分别到通州区马驹桥和海淀区凤凰岭乡为当地农民书写春联，受到广大群众热烈欢迎。参加下乡的书法家有王友谊、曾翔、陈孟康、段志华、张平、王永、王鸿生、曹佳林、骆建宏等。

△北京书协为平安大道书写春联一条街

2月1日上午，由市委宣传部牵头，在平安大道设东城、西城两个点举行了平安大道“春联一条街”活动，北京书协选派20名书法家参加了书写春联活动。这次活动是北京市“欢庆龙腾新千年，十万春联献京城”公益文化活动的延续。北京书协承担了平安大街商店门脸的春联书写任务，提前写出了300多幅春联，2月1日又在现场进行书写，市领导和两区的领导为市民和商店送贴春联，为平安大道的居民和商店带来了新春佳节的喜庆气氛。参加书写春联的书法家有：宣祥鎏、薛夫彬、张有清、谷溪、张书范、孟令芳、杨再春、侯双亭、王友谊、刘文华、张永明、陈孟康、安福存、严晓明、骆建宏、曾正国、安迪、曹佳林、冷万里等。

△北京书协春节慰问老书家

春节前夕，北京书协领导分别看望了为北京书协工作做出贡献的老书法家代表，向他们表示节日的问侯和感谢。被看望的老书家有：欧阳中石、张旭、盛绳武、吴未淳、苏适、郝耀国、姚宝华、陈孟康等15人。

△北京书协副主席秦公在京逝世

5月10日上午11时，北京书协副主席、北京市文联理事秦公同志因长期超负荷工作，积劳成疾，在工作岗位突发心脏病，不幸逝世，终年57岁。

△北京书协举办第一届少年儿童临帖展

为了宏扬民族传统艺术，提高少儿艺术素质，强调书法基本功，培养书法世纪新人，5 月 27 日至 6 月 4 日北京市书法家协会、北京市教委艺术委员会联合举办了“北京市第一届少年儿童临帖展览”。共收到来稿 800 余件，分三个级别进行评选，评出一等奖 18 名、二等奖 32 名、三等奖 54 名、优秀奖 150 名参加展出。

△北京市少年儿童书法艺苑成立

为了加强北京书协后备队伍建设，大力培养少儿书法爱好者，北京书协成立了北京市少年儿童书法艺苑，5 月 27 日举行了揭牌仪式。艺苑的宗旨是为具有一定书法基础的少儿书法爱好者提供服务，组织各种书法讲座、举办书法比赛、展览以及国内外艺术交流活动，全面提高会员的艺术素质。

△北京书协举办“书法创作培训班”

6 月 30 日至 7 月 2 日、7 月 25 日至 27 日北京书协从历届在全国展览和北京市大展获奖、参展作者中选拔 60 余人分两批进行了重点培训，着力培养作者的继承与创新意识，多出精品。通过培训和研讨，大家普遍收获很大，进一步明确了创作方向，启发了创作思路，同时也极大地激发了创作热情。

△北京书协召开女书家联谊会

7 月 14 日，妇女部召开了女书家联谊会，有 35 名女会员以精心创作的作品进行切磋交流，大家聚集一堂，共话友谊与书法的继承和发展。会议由妇女部主任王宝凤主持，主席宣祥鎏、副主席张有清、张书范等出席并作了重要讲话。

△北京书法艺术年鉴(1999)出版

经过半年多紧张工作，7 月 30 日出版了《北京书法艺术年鉴(1999)》。这部年鉴是反映北京市书法家协会 1999 年的工作成果和艺术活动等基本情况的资料书。同时还选登了会员书法篆刻作品以及古代书法名迹和碑帖范本，供会员和读者学习与欣赏，增加了可读性和实用性。

△举办北京市纪念抗日战争胜利55周年美术书法展

8月13日至18日，北京市纪念抗日战争胜利55周年美术书法展在中央美院陈列馆开幕。此次展览是由北京市文联、抗日战争纪念馆、北京城市雕塑建设管理办公室、北京市书法家协会、美术家协会共同策划推出的。展览气势恢宏、形式新颖、主题鲜明、内容丰富。开幕式隆重热烈。北京书协参展作品77件，其中获一等奖3名、二等奖6名、三等奖6名。

△北京书协参加第18回中日友好书法展

8月30日由《北京日报》社和日本白扇书道会主办，北京书协协办的第18回中日友好书法展在日本千叶市开幕。谷溪副主席参加了开幕式，并向日本书法界人士做了北京书协现状的报告。

△北京书协召开书法理论研讨会

9月15日北京书协召开了关于书法艺术继承传统问题的专题研讨会，会上有八位理论骨干做了重点发言，对书法艺术传统和如何继承、创新问题进行深入的探讨，具有普遍的指导意义。市书协主席宣祥鎏、市文联研究部主任张怡、市书协副主席薛夫彬、谷溪、秘书长孟令芳及北京书协理论骨干20余人参加了研讨会。

△北京书协举办“书法精品进万家”展销活动

9月20日，北京书协在宏宝堂举办了“书法精品进万家”展销活动，此次活动旨在使书法艺术进入寻常百姓家，从而扩大书协的社会影响，也是北京书协走向市场的一次尝试。主要特点是作品精、价格低、面向广大群众。做为人民的艺术家，要回报人民、回报社会。展销当天一上午就销售出50多幅作品，群众反映很好。

△北京书协举办刻字艺术研讨会

9月22日，书协召开了刻字艺术作品研讨会，为“迎接新世纪北京书法艺术大展”做准备，有15位来自各区县的刻字作者，应邀出席，会上对参展刻字作品逐件进行评析，提出很多创作参考意见，达到了互相交流，提高的目的。

会议由佟岩林主持，副主席张有清、秘书长孟令芳出席了会议。

△北京书法家代表团访问美国

应美国“中国文化日”组委会的邀请，北京市书法家协会以副主席张有清为团长、副秘书长田伯平为副团长的代表团一行7人，于9月25日至10月9日赴美进行友好访问和文化交流。参加了在华盛顿白宫南草坪举办的“中国文化日”庆祝活动，中国驻美大使李肇星在使馆接见了代表团全体成员。在此期间代表团还参观访问了旧金山、纽约、洛杉矶等城市并与美国的艺术家们进行了艺术交流，访问取得了圆满成功。

△北京书协部分女书家赴西安采风

10 月 20 日至 25 日，北京书协妇女部组织了部分中青年女书家到古城西安进行实地采风活动，参观了碑林及其他名胜古迹。采风团成员有：王文英、曾辉、沈莉、纪淑蓉、刘莹、陈秋玲、王春云、严晓明、骆建宏等九人。

△北京书协举办“迎接新世纪书法艺术大展”

10 月 29 日至 11 月 2 日，北京书协在市劳动人民文化宫举办了“迎接新世纪书法艺术大展”。共展出书法、篆刻、刻字作品 147 件，是从近千件来稿中精选出来的。此展作品形式多样，各体俱全，内容丰富。体现了北京书协整体创作水平，抒发了作者迎接新世纪到来的喜悦心情。中国书协分党组书记张飚、市文联党组书记吕浩材、市书协主席宣祥鎏、副主席薛夫彬、张有清、谷溪、秘书长孟令芳、副秘书长田伯平等出席了开幕式并观看了展览。

△北京书协举办理论报告会

11 月 28 日，北京书协邀请中国书协副主席刘炳森做了题为“弘扬主旋律、倡导传统书风”的报告。到会会员近 400 人，这次报告会对于端正书风起到了重要作用。

△北京书协 5 人当选为中国书法家协会理事

12 月 20 日至 22 日，中国书法家协会在北京召开了第四次全国代表大会。北京书协选派 11 名代表出席了大会。谷溪、张书范、张有清、孟令芳、薛夫彬当选为中国书法家协会第四届理事会理事。

宣統元年津浦鐵道修
至德州北境獲此石從土人
以銀幣三百購置金石保
存所羅正鈞記

（二十四）

息男子貞年十五

息女孟猗年十八適

滎陽鄭班豚

息女仲猗年十七

（二十三）

父景仲州主簿齊都太守

母滄東公孫氏字佛仁

父楚秘書著作郎

妻滎陽鄭氏字潤英

父熏司州都州主簿

（二十二）

曾祖祐燕吏部尚書

曾祖親廣平游氏

祖雄東莞太守

祖親北平陽氏父璟

御史中丞

（二十一）

魂追白雲無常之理氣盡

山塚釋之讖漢文心劚波

塋絕棄魯墳於孔鑄銘泉

陰永昭芳涌

（二十）

肩友生光軿轄夫兼[illegible]
猛氣煙張獸軌韋門槐風
熷芳鳴吠秦道[illegible]昧靡分
空傳餘慶郭善無聞逢途
未晁逸景[illegible]淪胃[illegible]青松

（十九）

昭心聞風曉理肩王流譽
鼎名鸞池齊標江漢媿溥
乘湄榮風夫曙雲漲已知
登負憲闈弘竹海湄接景
台逢披繡還鄉物情膺附

（十八）

先江海匪量潛魂在下
飛聲泗上訓丘發億玄言
以暢譽爍神葉傳芳不已
瀆海降祥萬生夫子學貫
丘傳藝洞遷史觀物

（十七）

海郡條縣南古城之東鄉
山龍之體義熙遷戲勒金
石於泉阿令聲猷而不滅
其辭曰
至人窅眇理絕名况伊君

（十六）

韋遘疾春秋六十以魏神
龜二年歲己亥春二月辛
亥朔廿一日辛未卒於洛
陽里之宅延光元年冬十
二月廿一日遷塟奠[illegible]勠

（十五）

勢傾京野妙簡才賢用華
朝淫名君太尉府諮議參
軍事獻替槐庭風禪天闕
雖希逸之佐廣陵無以過
也天道芒昧邪善無聞不

（十四）

忠名兼撫軍府長史加鎮
遠將軍畢道別將衆歲一
旅破賊千群漳東妖醜法
旗鳥散太傅清河王永膺
上台而荷遺輔擢龍脩歸

（十三）

[illegible]訖尋丁艱窮沉哀鄉地

栖遲漳里餘年是故零

負乙次落緒失源然賊大

乘勢連海右州牧蕭王心

危懸旆聞君在邦人情敬

（十二）

無別[illegible]尉護樂陵郡君忩
希祿養復乞史[illegible]州[illegible]表
言朝心未允于時政出權
門事由外爲君千里遂書
群公交轍坐使諸王情深

（十二）

附既布謠洛還[illegible][illegible]侍開
守京兆王作藩海畿問鼎
冀川君達膽禍機潛形河
外鎮東李公出[illegible][illegible]北鄴
督六州掃清叛命復名君

（十）

時毎辭父老申求鄉禄高陽王親同魯衛義齊分陝出鎮冀岳作牧趙燕除皇子別駕兼護清河勃海長樂三郡衣錦遊鄉物情影

（九）

任感深穆慕那關中軍大將軍彭城王勰陪鑾駕振旆荊南皆君為皇子掾參符戎旅謀協主襟府[illegible]除司空掾此黃[illegible]階增徽鼎

（八）

北僨鍇孤遠鑒賞絕倫遂
服君風違深紆縞衣稱在
朝宜借副書轉授尚書南
主客郎遷浮陽太守分竹
一邦績輝千里以母憂去

（七）

邈心樓下觀書已諾恨閱

不周與爲連知硯借見典

而齋主昏迷[illegible]違叅意爲

中書郎王融思狎淵雲韻

秉琳琇氣轢江南聲蘭傲

（六）

十八舉秀才對策高第入
除中書博士譽滿一京聲
輝二國昔晉人失馭群書
南徙魏回沙鄉文風北缺
高祖孝文皇帝追悅淹中

（五）

少好春秋左氏傳而不存
章句尤愛馬班南史談論
事意略無前違性嚴毅簡
濕言工賞要善尺牘年十
六出膺州命爲西曹從事

（四）

竝連芳暎繼寶相輝君
錦纏結彩雜山青桂[illegible]而
端華鳳量淵遠俶儻不羈
魁岸獨絶猛氣煙張雄心
泉涌藝回生機學門心競

（三）

道協當時行和則國登翼

王遲風華帝閣曾祖尚書

操履清白鑒同冰鏡銓識

燕朝聲光龍部祖東覓兼

業違世孝廉郡養性嗣年

（二）

君諱璧字元和勃海條縣
廣樂鄉吉遷里人也其先
李耳著□經於衰周靈辯
禕葉輝爲劍於盛漢載籍
頌詩故命略焉高祖司空

（二）

编 辑 说 明

一、《北京书法艺术年鉴》是反映北京市书法家协会工作成果和艺术活动等基本情况的资料工具书。

二、本年鉴从 1997 年起，每年编印一册，自本册改为双年刊，2000 年、2001 年刊为总第 4 册(精装本)。全书主要包括以下部分：(1)中国书协顾问李铎题词；(2)北京书协活动留影；(3) 中国古代书法名迹欣赏；(4) 京华著名书法家和篆刻家作品选；(5) 北京书协 2000 年工作总结和 2001 年工作计划；(6)会员作品选；(7)书法论文；(8)会员著作简目；(9)会员艺术成果；(10)北京书协大事记；(11)北京书法家介绍；(12)碑帖范本。

三、本年鉴 2000 年、2001 年双年刊的内容，主要发表 2000 年北京书协的工作和活动资料(截止日期为 2000 年 12 月底)，以及 2001 年北京书协的工作计划，以便读者查阅。

四、有关本年鉴一些专栏的主要内容做如下说明：

"中国古代书法名迹"——选登历代著名的碑帖法书和古代书法家的杰作。

"京华书法名家"——介绍北京的著名书法家及其书法和篆刻作品。

"会员作品选"——选登了部分会员的书法作品和篆刻作品，本年鉴今后仍将陆续刊登协会会员的作品。

"书法论文"——书学研究论文和札记。

"会员著作简目"——是会员出版的书法著作(包括书法专著、论文、作品集、字帖)的简目，注明出版社和报刊名称、出版、发表年月。非正式出版社和报刊上出版或发表的著作不收录。

"会员艺术成果"——此栏包括了会员在全国和本市重大展览中获奖情况介绍，会员在国内外举办书法个展和联展，以及出国访问和讲学等内容的统计资料，上述材料内容除协会统计的之外，均由会员自己填报提供，或有遗漏。

"北京书协大事记"——收录北京市书法家协会 2000 年的各种活动资料和情况介绍。

"碑帖范本"——选登历代著名碑帖，供书协会员和书法爱好者临摹、欣赏。

五、本年鉴由北京市书法家协会"年鉴编辑委员会"编写，由知识出版社出版。

北京书法艺术年鉴编辑委员会